文化创意产业新论

李松石◎著

中国戏剧出版社
CHINA THEATRE PRESS

图书在版编目（CIP）数据

文化创意产业新论 / 李松石著. -- 北京：中国戏
剧出版社，2024.4
ISBN 978-7-104-05469-6

Ⅰ．①文… Ⅱ．①李… Ⅲ．①文化产业－研究 Ⅳ．
①G114

中国国家版本馆CIP数据核字（2024）第058705号

文化创意产业新论

责任编辑：肖　楠
项目统筹：康祎宁
责任印制：冯志强

出版发行：中国戏剧出版社
出 版 人：樊国宾
社　　址：北京市西城区天宁寺前街2号国家音乐产业基地L座
邮　　编：100055
网　　址：www.theatrebook.cn
电　　话：010-63385980（总编室）　　010-63381560（发行部）
传　　真：010-63381560

读者服务：010-63381560
邮购地址：北京市西城区天宁寺前街2号国家音乐产业基地L座

印　　刷：天津和萱印刷有限公司
开　　本：787mm×1092mm　1/16
印　　张：12.25
字　　数：220千字
版　　次：2024年4月　北京第1版第1次印刷
书　　号：ISBN 978-7-104-05469-6
定　　价：72.00元

版权专有，违者必究；如有质量问题，请与出版社联系调换。

前 言

随着科学技术的快速发展和消费层次的不断提升,以知识和文化为主的新经济形式不断涌现,个性服务和消费经济特征日益凸显,依托新技术和新模式的现代服务业获得高速发展,文化创意产业由此产生并随之快速成长。

文化创意产业是以创意为核心,向大众提供文化、艺术、娱乐产品,满足大众精神、文化消费需求的新兴产业,是文化产业中最具创造性和先导性的核心组成部分,是文化产业的高端和龙头产业,是文化与当代先进科学技术、工业结合的产物,是文化产业的创新型产业。在全球经济逐步进入以知识和创意软资源为核心竞争力的时代背景下,文化创意产业正成为一个国家和地区社会经济发展的重要引擎。

近年来,我国政府高度重视文化创意产业并大力支持其快速扩张、集群发展。可以预见,文化创意产业将成为下一阶段推动我国经济持续稳定增长的主力军,将会对我国经济实现新一轮增长以及经济发展模式的根本转变起到巨大的推动作用。

本书为文化创意产业新论,共六章。第一章为文化创意产业总论,主要介绍了三个方面,分别为文化创意产业基础理论、文化创意产业起源与变迁以及文化创意产业的要素与特质;第二章为国内外文化创意产业发展,重点阐述了文化创意产业发展概述、我国文化创意产业发展现状、国外文化创意产业发展现状、文化创意产业发展的经验启示、我国文化创意产业发展方向五部分内容;第三章为文化创意产业发展的跨界融合,论述了文化创意产业与互联网的融合、文化创意产业与商业的融合、文化创意产业与新农业的融合、文化创意产业与制造业的融合、文化创意产业与旅游业的融合以及文化创意产业与传统工艺的融合;第四章为文化创意产业发展的支撑力量,重点阐述了四部分内容,包括文化创意产业与集群发展、文化创意产业与资金保障、文化创意产业与知识产权、文化创意产业与人才培养;第五章为多元视角下的文化创意产业发展研究,主要论述了两方面内容，一方面为文学视角下的文化创意产业发展，另一方面为非物质文化遗产视角下的文化创意产业发展。

在撰写本书的过程中，本人得到了许多专家学者的帮助与指导，参考了大量的学术文献，在此表示真挚的感谢。本书力争内容丰富新颖、系统全面，论述深入浅出、条理清晰，但由于本人水平有限，书中难免会有疏漏之处，希望广大同行及时指正。

李松石
2024 年 1 月

目 录

前言 ··· 1

第一章　文化创意产业总论 ··· 1
　　第一节　文化创意产业基础理论 ··· 1
　　第二节　文化创意产业起源与变迁 ······································ 20
　　第三节　文化创意产业的要素与特质 ··································· 24

第二章　国内外文化创意产业发展 ··· 34
　　第一节　文化创意产业发展概述 ··· 34
　　第二节　我国文化创意产业发展现状 ··································· 52
　　第三节　国外文化创意产业发展现状 ··································· 61
　　第四节　文化创意产业发展的经验启示 ································ 72
　　第五节　我国文化创意产业发展方向 ··································· 74

第三章　文化创意产业发展的跨界融合 ····································· 76
　　第一节　文化创意产业与互联网的融合 ································ 76
　　第二节　文化创意产业与商业的融合 ··································· 83
　　第三节　文化创意产业与新农业的融合 ································ 87
　　第四节　文化创意产业与制造业的融合 ································ 92
　　第五节　文化创意产业与旅游业的融合 ································ 95
　　第六节　文化创意产业与传统工艺的融合 ···························· 107

第四章　文化创意产业发展的支撑力量·················117
第一节　文化创意产业与集群发展·················117
第二节　文化创意产业与资金保障·················127
第三节　文化创意产业与知识产权·················136
第四节　文化创意产业与人才培养·················148

第五章　多元视角下的文化创意产业发展·················156
第一节　文学视角下的文化创意产业发展·················156
第二节　非物质文化遗产视角下的文化创意产业发展·················171

参考文献·················189

第一章 文化创意产业总论

本章为文化创意产业总论,主要介绍了三部分内容,分别为文化创意产业基础理论、文化创意产业的起源与变迁、文化创意产业的要素与特质,为后边几章打下基础。

第一节 文化创意产业基础理论

一、文化创意产业的定义与释义

(一)文化创意产业的定义

在对文化创意产业进行理论研究之前,必须要清楚文化创意产业的定义。首先,我们要从字面对"文化创意产业"进行分析。

一直以来,我们往往会从两种角度来理解"文化"的概念,一个是广义的角度,一个是狭义的角度。从广义的角度来说,文化是指人类在历史发展过程中,所创造和积累的物质财富及精神财富的综合;从狭义的角度来说,文化是指社会意识形态以及与之相适应的制度和组织结构。①

"创意"一词在我们的生活中比较常见,比如我们平时所说的点子、主意或想法,都属于一种创意。这些创意跟每个人所掌握的知识、技能以及创造力息息相关。自古以来,人们就在自己所擅长的领域中发挥各种各样的创意,用以改善生活,或者给生活增添一丝乐趣。发展到今天,很多有价值的创意成果便形成了知识产权。但是,对于文化创意产业的各个行业来说,只有少部分行业的创意是属于个人的,大部分行业都普遍存在创意汇聚的现象。从另一个角度来说,创意还是科学技术与艺术的结合。以前,人们对科学的认识比较狭隘,对科学产生了

---

① 刘军:《创意产业多词多义的横向解析》,《法制与社会》2007年第6期。

一种刻板的印象，但是，科学技术与艺术的结合，却能够引导人们从艺术的角度来理解科学。对于文化创意产业来说，创意是其核心要素，文化创意具有一定的产业化倾向，这能够给后续的开发和经济回报提供有力支持，这是文化创意的功能和价值所在。

在我们对文化和创意的内涵有一定认识之后，就能够理解文化创意的概念。所谓文化创意，就是以知识为基本元素，融合多元文化、整合相关学科，并借助不同主题而构建的再造与创新的文化现象。

一般来说，"产业"一词有着"工业生产"或"大规模制造"的含义。而从经济学的角度来说，产业是指介于微观经济单位和宏观经济单位之间的，通过投入一定的经济资源，而生产某类具有共同特性的产品的集合体。[①]

在这里需要强调的一点是，文化创意产业并不是文化、创意和产业的简单组合，这三个要素之间存在着一种相互联系和渗透的关系，共同构成一个互动的系统。

随着时代的发展，技术革命逐渐向文化领域渗透，促进了文化的规模生产，与此同时，进一步扩大了创意扩散的广度和深度。在此条件下，创意依托于各种实物载体，在经济发展中扮演着"智力先驱"的角色，并形成产业增值。在产业化发展的过程中，文化一方面起到促进作用；另一方面，又在原来的基础上产生新的文化，构建新的文化环境，进而促进新的创意的产生，实现了产业化的循环发展。

总而言之，所谓文化创意产业，就是指以文化为基础，以创造为核心，以思想为动力，充分利用高科技手段整合文化资源，并通过知识产权的开发和利用，生产出具有较高附加值的产品和服务的新兴产业。

（二）文化创意产业的释义

文化创意产业在世界范围内没有一个统一的称谓，在英国、新西兰、新加坡等国家，文化创意产业被称为"创意产业"；而在美国、加拿大、澳大利亚等国家，文化创意产业则被称为"版权产业"；还有一些欧洲国家，以及我国的台湾、香港等地，使用的是"文化创意产业"。文化创意产业在各个国家或地区有着不同的称谓，相应地，也有着不同的范围界定。

---

① 海江、谭翔浮：《对文化产业相关概念的辨析》，《学术探索》2005年第2期。

1. 文化创意产业与创意产业

20世纪90年代，在全球化发展以及消费社会的背景下，在欧美发达国家中诞生了创意产业。在当时，创意文化是一种理念和思潮，也是一种重要的经济实践。英国根据本国社会发展的实际情况，首先提出了"创意产业"这一概念。1998年11月，在《创意产业专题报告》(Creative Industries Mapping Document)中，"创意产业工作组"第一次对创意产业的内涵做出了解释，该报告中指出，创意产业是"源于个人创造、技能与才干，通过开发和运用知识产权，具有创造财富和增加就业潜力的产业"。[①]

当时，欧洲、美洲和亚洲的一些国家已经有发展创意产业的意图，而创意产业工作组所提出的"创意产业"的概念，给这些国家创意产业的发展带来了深刻的影响，并且在很短的时间内，这一概念就在全球范围内得到普遍的认同和接受，很多国家结合本国的实际情况，对这一概念进行适当调整，而后加以使用。在我国，上海最先接受了"创意产业"这一概念，并出台了"十一五"期间《上海创意产业发展重点指南》。目前，我国采用"文化创意产业"的地区只有北京、香港和台湾。在最开始，香港使用的是"创意产业"，后来到2005年，将其改称为"文化创意产业"。由于"创意产业"概念并不涵盖科学技术上的创造发明，而专指文化领域中的创新，因此，称之为"文化创意产业"更为贴切。再者，这两个概念的含义在本质上是一样的，无论是内涵还是外延都极为相近。

从本质属性上来说，文化创意产业和创意产业是十分相近的。英国对创意产业的定义是：个体所具备的创造力、技巧和才能，通过知识产权的生成和利用，而有潜力创造财富和就业机会的产业。2002年，中国台湾地区对英国创意产业发展的经验进行了充分的参考和借鉴，由此提出发展文化创意产业，并对文化创意产业的概念进行了界定：源自创意或文化累积，透过智慧财产的形式与运用，具有创造财富与就业机会潜力，并促进整体生活提升的行业。

上述两者的定义不仅内涵相近，连表达的词组结构也一致，都是着眼于个人创意、技能与才干，重视智慧财产权的保护与应用机制，并强调经济效益，重视经济发展与创造就业机会。都是源于创意，通过智慧财产——知识产权，创造财富和就业。唯一的不同点，在于中国台湾定义"文化创意产业"中较英国多了提

---

① 倪锋：《创意创业：内涵特征和驱动因素》，《企业经济》2006年第12期。

升生活这一要素。这说明,在发展文化创意产业的过程中,不仅要重视经济效益,还要重视社会效益。

另外,文化创意产业与创意产业在外延上也是比较相似的。英国的创意产业包括13个行业,有广告、建筑、艺术及古董市场、工艺、设计、流行设计与时尚、电影与录像带、休闲软件游戏、音乐、表演艺术、出版、软件与计算机服务业、电视与广播。我国台湾地区创意产业也包括相类似的13个产业:视觉艺术产业、音乐与表演艺术产业、文化展演设施产业、工艺产业、电影产业、广播电视产业、出版产业、广告产业、设计产业、数字休闲娱乐产业、设计品牌时尚产业、创意生活产业、建筑设计产业。两种不同的13类行业划分,尽管在名称上不一样,但实质的内容没有多大的差别。

2. 文化创意产业与文化产业

很多人不能理解文化创意产业和文化产业二者之间的联系和区别,想当然地把文化创意产业当成文化产业的高级阶段,或者将文化创意产业当成文化产业的衍生物。而人们之所以会产生这种错误的观念,主要是因为混淆了"文化创意产业"和"文化产业"这两个概念。

我们可以分别从哲学和经济的角度来分析和理解文化产业。首先,从哲学意义上来说,文化产业(Culture Industry)的概念构成可以追溯到霍克海默、阿多诺1944年的《文化产业:欺骗公众的启蒙精神》一文,是人们在意识形态上的一种批判性反思;其次,从经济意义上来说,文化产业是指一种经济体系或是新兴发展模式。

我国的社会结构和经济发展有着一定的特殊性。在我国,我们要从产出的角度、从所提供的产品和服务的精神文化性质的角度来理解"文化产业"的概念。一般来说,只要是能够给公众提供文化、娱乐产品和服务,能够满足人们精神文化需求的产业,都属于文化产业的范畴。而文化创意产业不仅仅服务于个人精神文化的消费需求,还致力于满足生产领域提升产品附加值、在经济发展中提升产业结构的要求。由此可见,文化创意产业有着较强的生产性服务业的性质,所以,文化产业和文化创意产业内涵界定的角度是不一样的。

再从外延的角度来分析,文化产业的外延和文化创意产业的外延虽然不同,但是存在交叉。2004年4月1日,国家统计局发布的《文化及相关产业分类》中将文化产业分为三个层面。第一是文化产业核心层,这一层包括出版发行和版权服务,新闻服务,广播、电视、电影服务,文化艺术服务。第二是文化产业外围层,这一层包括网络文化服务、文化休闲娱乐服务、其他文化服务。第三是相关文化产业层,包括文化用品、设备及相关文化产品的生产与销售。由此可见,文化产业更倾向于从产出和公众服务的角度来进行概念的划分,其在外延上所涵盖的门类,跟文化创意产业有一定的交叉,但是所涉及的方面较窄。

通过以上分析,我们可以发现,无论是文化产业,还是创意产业,在新经济时代,它们都有着自身无法突破的局限性,只有将两者最突出的特征和优势结合起来,才能真正理解其概念,正因如此,我们在命名上采取"文化创意产业"这种提法。

有学者将创意产业划分成两个部分,一个是文化创意,一个是科技创意,之所以这样划分,也是为了帮助人们对文化产业和创意产业形成正确的认识。所以,在命名方面,我们更倾向于文化创意产业。

另一方面也可以发现,其实从本源来讲,文化产业、创意产业与文化创意产业并无真正的实质区别,三者间的"同"远远要大于"异"——这尤其可以从中国香港政府历经"创意产业"到"文化创意产业"命名变革上得到佐证。

从文化创意产业与创意产业、文化产业三者的联系中,我们可以清楚地知道,文化创意产业这种提法,能够将文化和创意的核心内涵凸显出来,并且能够涵盖更加广阔的文化经济活动,在中国语境中,有效弥补了文化产业概念上的不足。这些特征主要体现在以下方面:文化创意产业对创意源头的作用予以高度重视,并且更加强调产业链的意义,强调文化价值是决定产业经济价值的主要因素。另外,文化创意产业这种提法也在很大程度上促进了文化产业和创意产业之间的沟通和融合。

正因如此,文化创意产业的定义有着更加丰富的内涵。首先,社会上以生产创意产品为主的企业的集合,就是文化创意产业,而所谓创意产品,就是作为无形资产的创意,通过一定的生产过程,所创造出的具有象征价值、社会意义,或者具有特定文化内涵的产品及服务。其次,通过对文化创意产业内涵的解读,我们可以了解到,文化创意产业重视文化和艺术对经济发展的推动,与此同时,文化创意产业也强调经济与文化的互动性和互补性,从而实现经济与文化的一体化发展。文化创意产业的发展涉及多个领域，包括一些传统产业，还拓展了新的知识经济的产业内涵。最后，文化创意产业表现出了较强的空间差异性。具体来说，消费者之间存在明显的偏好差异，而在这些消费者眼中，很多类型的创意产品是跟其独特的地理位置存在紧密联系的，比如巴黎时装、纽约的百老汇、伦敦的歌剧。

二、文化创意产业的主要功能

（一）文化创意产业的文化功能

通过前面的分析我们知道，文化创意产业并不是文化、创意、产业的简单组合，而是三者之间的高度融合。我们可以理解为，文化通过创造性挖掘，最终实现其产业的经济功能。文化是人类发展进程中所形成的物质和精神财富，而在创意的催化下，文化慢慢呈现出各种各样的特色。在文化创意产业蓬勃发展的浪潮中，当代文化格局也发生了一些变化。

一个国家的文化整体格局是由多种要素组成的，一般来说包括传统文化、民间文化、精英文化、大众文化和主导文化。而从文化创意产业的角度来说，具有深度发掘条件的，一般是大众文化。也正因如此，随着文化创意产业的不断发展，大众文化的重要性越来越突出，逐渐成为当代文化格局的重要组成元素。而其他各种文化类型，在文化创意产业的推动下，也按照产业化的形态进行发展。

比如，2006年以歌手阿宝为代表的原生态唱法风靡全国。从文化形态来看，原生态民歌无疑属于民间文化的范畴，无论从发音方法、演唱技巧来看，还是从舞台风格来看，它都有着明显的民间特色。然而，当我们在电视媒体中看到阿宝的演唱表演时，却会发现，其中有着很多通俗歌曲、流行音乐的影子。当阿宝穿着羊皮坎肩、裹着白羊肚毛巾出现在荧屏上时，他更多地具有了表演的成分，在观众心中也难免会与他穿着黑色套装大跳现代舞蹈的画面互相比较。在电视等大众媒体的影响下，在商业利润的推动下，原本属于民间文化的原生态歌曲，正在逐渐走向大众文化，二者之间的界限开始模糊。

再如，在电视剧《喜耕田的故事》中，我们看到的是大众文化与主导文化的互相吸引；而在厅堂版的《牡丹亭》中，哪些是昆曲的精髓，哪些是商业炒作出来的东西，我们已经很难鉴别了。在文化创意产业的引导下，文化要服务于市场，而创意的最主要价值，就是提升文化的吸引力。

总而言之，在文化创意产业的发展中，很多文化形态的边界逐渐变得模糊。文化创意产业的发展，推进了文化的全球化进程，模糊了世界各国之间的文化边界，在全球化语境之中，文化也成为全人类的共同财富，传统的文化边界变得越来越模糊。

好莱坞电影一直被人们津津乐道。很长时间以来，好莱坞电影确实产出了很多优秀的作品。通过观看好莱坞电影，我们可以发现，它们会利用任何一种人类优秀的历史文化遗产，比如《埃及艳后》《花木兰》《角斗士》等。如果对这些文化遗产追根溯源，就可以发现，它们都不属于美国。美国的历史很短，所以没有太多值得发掘的优秀传统文化和历史遗产。但是，在没有深厚文化根据的前提下，美国的电影、动漫等大众文化产品却几乎享誉世界，其影响非常广泛，导致欧洲国家从20世纪早期就开始高度警惕"美国化"问题。而之所以出现这样的结果，是因为美国在重视文化的基础上，对创意和产业也予以了高度重视，正是在创意和产业的激发下，美国大众文化产品呈现出世界性的面貌，其中所蕴含的民主、自由等美国价值观，也伴随着文化创意产品的输出而流向各个国家和地区，并产生了一定的影响。

日本动漫产业在发展过程中，也进一步推动了文化全球融合的步伐。日本学者加藤周一认为，日本文化有着较强的包容性，善于接收和融合其他文化，并且能够在保护自身文化的同时，不断消化外来文化，所以在加藤周一看来，日本文化是一种杂交文化。近些年来，日本的动漫产业越来越发达，其中一些动漫产品深受年轻人的喜爱。而我们不难发现，日本的动漫产品将东西方文化以及东西方不同的审美情趣融合在了一起，在一些动漫产品中，一些有着明显东方面孔并且具有东方价值观念的主人公生活在西方的世界里，里面的人物有着明显的"脱日化"形象，如金黄的头发、大大的眼睛、白人的脸型。可以说，日本动漫产品对人物、地域的文化模糊处理，是日本动漫在世界范围内被广泛接受的重要原因。

社会现代化进程越来越快。在这一背景下，很多行业不断地求新求变，导致一些传统文化逐渐淡出人们的视野，甚至面临着濒临灭绝的境地。而文化创意产业利用信息技术和多媒体等手段，将传统文化中的精髓保存并延续下来，一方面，实现了传统文化的保护和传承；另一方面，从内容和形式的角度对传统文化进行了一定程度的创新，使其更符合现代社会发展的特征以及人们的精神文化需求。中国是一个地大物博的国家，并且有着悠久的历史，在这片土地上，孕育了丰富的中华文化，而推动文化创意产业的发展，则有助于提升中华文化的创新力、影响力和吸引力，最终促进中华传统文化的传承和可持续发展。

要想有效提升中华文化的创新力，首先要注意对优秀传统文化的创新型传承；其次，要有开放和包容的心态，积极吸收外来的先进文化；最后，对于那些跟时代特征不相符的历史文化资源，要进行创意性转化。在时代发展的进程中，传统文化必须要在创新中传承，才能跟上时代发展的步伐，才能得到更好的保护和弘扬。在中国地区发展文化创意产业，可以促进中华文化的创意性发展，可以从现代的视角出发对传统文化进行新的阐释，最终使传统文化在满足当代人精神文化需求的过程中，焕发出新的生命力，并实现更大的价值。

在文化全球化、经济全球化背景下，任何一种文化的发展都必须遵循开放、包容的理念，不能故步自封，要积极融入新环境，只有这样才能得到持续发展，并不断体现自身的价值。所以，在发展文化创意产业的过程中，要以一种开放和包容的心态积极吸收异质文化，并与其进行融合。这种融合性不仅体现在产业运作上，还体现在对文化内容和形式的重新编码上。这对促进中华文化的价值创新有着非常重要的意义。为此，在文化方面，我们不能自视甚高，不能采取封闭政策，要善于发现其他民族文化的优势，并以开放的胸怀、热情的态度接纳其他民族的先进文化，尽可能地拓展国际文化创意的交流，从而有效拓展创意空间，提升文化创新能力。

中华文化博大精深，其中蕴含着很多珍贵的财富，而随着现代社会的发展，很多传统文化似乎没有了用武之地，逐渐淡出了人们的视野。针对这种情况，我们必须要提升创意转化力，只有这样，才能将文化资源优势转化为经济优势，还能借此提升中华文化的影响力。在这过程中，起到关键性作用的环节就是对历史文化资源进行创意性转化。

另外，在现代社会，各种新技术不断涌现，如信息技术、多媒体技术等，给人们的生活带来了很大的改变。在这样的背景下，人们更愿意追求现代化的、科技化的东西，一些传统的文化逐渐失去了魅力。所以，要想有效提升中华文化的吸引力，使其在现代社会体现出重要的价值，最有效的方法就是充分利用现代高新科技的成果，促进文化创意产业的发展，改进传统文化的生产经营模式和传播模式，最终有效促进传统文化和艺术样式的创新，使中华文化体现出独特的魅力，更能满足人们的精神需求。

例如，北京故宫博物院是我国最大的古代文化艺术博物馆，一直以来游人络绎不绝。近几年，故宫充分借助互联网技术、数字技术等，将更多文物产品展示给公众。目前，很多与故宫有关的文化创意产品被开发出来，比如"每日故宫"手机软件、数字博物馆、《我在故宫修文物》纪录片等。这些文化创意产品均对故宫珍贵的文化资源进行了深度挖掘，使得那些沉默的文化遗产焕发新的生命活力。

从一定意义上说，文化创意产业就是利用美学符号对文化进行阐释。发展文化创意产业，能够塑造区域文化的个性，同时也有助于增强城市的文化吸引力。另外，很多城市正在进行旧城区改造工程。在这一过程中，很多传统文化遗产遭到破坏，而将文化创意产业与旧城区改造有机结合起来，就能够很好地解决这一问题，并且还能提升城市的文化品位。

一方面，对于那些具有一定历史文化价值的建筑，要予以保护，目的是保证城市文脉的传承，从而在一座城市之中，能够体现历史与未来、传统与现代、东方与西方的交融，同时能够体现经典与流行的碰撞，使得城市在保留历史文化底蕴的同时，还能具有浓厚的现代气息，从而更具魅力；另一方面，城市在发展的过程中，要创造新的产业业态，避免产业空心化的现象出现，这对促进城市经济发展，以及提高城市就业率有着重要的意义。

（二）文化创意产业的创意功能

1. 传播和传承创意，推进科技创新与文化结合

在时代发展的洪流中，很多产业不断被创造出来，也有很多产业不断消失，结合产业发展的规律，我们可以发现，一个产业是否能持续发展，关键在于是否有创意的引领。比如，服装业不能一直停留在用缝纫机做衣服的状态中，要跟上时代发展的脚步，不断创新突破，积极吸收新的发展理念和新的生产技术，努力提升生产效率和经济效益。

创意是事物发展的催化剂，作为一个企业，如果能找到文化和创意的结合点，实现产业融合，在其精神产品和服务中体现出美学设计理念和深厚的文化内涵，那么就能够保证企业的长远发展，保证企业能够获得较高的经济效益，更重要的是，能够为文化传播找到合适的载体。

在影视和动画领域中，审美意识跟网络、数字技术和现代通信的结合发挥了十分重要的作用。比如，平遥是山西省的一个小县城，它的名声并不十分响亮，很多人并没有听过，然而，平遥却是几千年来保存最完整的古城，它借助申报世界文化遗产这一契机，通过国际摄影节的创意元素，成功走向了世界，让更多人见识到了平遥古城的独特风采，也由此促进了晋商文化的发展，使得山西旅游文化、影视文化都得到了新的发展契机。

随着时代的发展和科技的进步，数字技术、多媒体技术等成为文化遗产保护的主要技术，并且取得了很好的效果。如平遥古城这一系列的创意运作过程，需要建立民族数据库、地方特色文化数据库、文化遗产数据库，以此作为文化保护以及文化创意产业发展的主要支撑，从而充分发挥文化创意的经济效益和社会效益。

2. 塑造能力和意识，培养创意精品的优质摇篮

如今，文化创意产业已经逐渐发展成规模化产业，在这样的形势下，创意阶层必定应运而生。创意产业的核心一般是由从事科学和工程学、建筑与设计学、教育、艺术和娱乐的人才构成，此外也包括更加广泛的群体，比如商业、法律等领域的创造性人才。文化创意产业对从业人员的创新素质要求非常高，鼓励从个人独特知识结构、创作风格中归纳总结规律性，挖掘隐性创意增长点，为创意精品的数量和质量出力。

在人类社会发展的过程中，所有新事物的诞生都源于人们的创意。但创意并不是一种简单的能力，在现代社会，一个人必须要长期生活在具有深厚文化底蕴的环境中，不断积累各种知识和素材，同时还要注意对社会环境与人文环境的观察和体验。只有这样，才能达到较好的创作精神。就以那些已经成形的，并且取得一定成绩的创意产品来说，无不是在富有创造力的自然和人文环境中被造就的。比如，2006年春节晚会的经典节目《俏夕阳》，就将传统皮影戏的夸张动作与舞蹈结合起来，取得了不错的反响，赢得了广大观众的喜爱；还有舞剧《风中少林》，

将中国传统武术与舞蹈结合起来，呈现出别样的艺术风采，顺利入选"十大精品工程剧目"。

（三）文化创意产业的经济功能

随着社会的发展，我们已经走进经济时代。在这一时代背景下，文化创意不仅是摆脱危机的先导产业，同时也是促进经济快速发展的新型产业。并且，目前来看，文化创意正通过其独特的手段改变着世界，改变着人们的生活。创意需要依托人的知识、智慧、技术而产生，所以文化创意产业的关键就是借助创意人才的知识、智慧、天赋以及所掌握的各种领域的技能，并借助现代科学技术对文化资源进行发掘和创造。可以说，文化创意产业是一种创新型业态，它具有深厚的创造经济效益和就业机会的潜能，能够促进经济创新，从而推动社会的发展进步。

2008年是一个令人难忘的年度。这一年爆发了严重的国际金融危机，而在当时的背景下，文化创意产业脱颖而出，在经济寒冬中贡献了一股暖流，在一定程度上缓解了各国家和地区的经济危机。在国际金融危机的影响下，各地经济出现了负增长的局面，很多行业都受到了严重的影响，而创意产业则不同，在经济发展形势极不乐观的环境中，它呈现出良好的发展态势，甚至在很多地方，创意产业的增长速度普遍高于当地经济的增长幅度。当时，各个国家和地区为了应对经济危机，早日实现经济复苏，把调整产业结构的重心放在了推进文化创意产业上，以此作为实现经济复苏的新战略。

随着改革开放的不断深入，我国已经成为世界制造大国，"中国制造"享誉内外。但是，我们不能沉浸在这一盛名之中，要对我国当前产业结构和经济形势有清楚的认识，特别是要认识到低端制造模式的弊端。

目前，我国社会经济发展面临着很多严峻的形势，比如劳动力成本的上升、环境资源对经济发展的约束等，我国传统制造业如今已经走到了转型和升级的重要拐点上。如今，国际产业竞争越来越激烈，我国要想取得较好的成绩，在这场竞争中站稳脚跟，就必须改变"中国制造"的困境，努力发展"中国创造"的品牌，争取通过各种有效的战略，实现从制造到创造的转型。

文化创意产业在促进产业转型方面发挥着重要的作用。文化创意产业强调发掘人类在创新创造方面的潜能，解放文化生产力，提升产业竞争力，并且强调将文化、技术、产品和市场进行有机结合，一方面创造出具有较高文化含量和较深文化底蕴的产品和服务，更好地满足人们的精神需求，形成新的消费市场；另一方面，能够实现文化创意产业和其他产业的融合发展，从而促进产业创新和产业结构升级，有效推动我国经济转型和经济创新。

随着人们生活水平的不断提高，消费者往往不再满足于商品本身的使用价值，而更关注商品中的观念价值，即其中被注入的文化要素。而文化创意产业正是基于消费者需求的转变，通过文化创意的产品和服务来传达某种观念、情感和品位，使得传统意义的商品具有特殊的象征意义，提升其文化附加值，从而满足人们的精神需求和个性化消费，并加快促进消费增长。

（四）文化创意产业的社会功能

人的需求是多种多样的，美国心理学家马斯洛把人的需求分为五个层次，分别是生理需求、安全需求、爱和归属的需求、尊重需求和自我实现需求。

生理需求包括饥、渴、衣、住等方面的需求，这是一个人维持自身生存最基本的需求。对于任何一个人来说，只有最基本的生理需求得到满足之后，才能去追求其他更高层次需求的满足。

安全需求对一个人的生存和发展来说也是十分重要的，是指人保障自身安全、摆脱财产威胁、避免疾病侵袭等方面的需求。在马斯洛看来，整个有机体是一个追求安全的机制，人的各种感受器官、效应器官，实际上都是一种追求安全的工具。

在一个人的成长和发展过程中，爱和归属的需求也是十分重要的，只有满足了这种需求，才能保证人健康地成长。这种需求包含两个方面的内容：一方面是友爱的需求，也就是说，每个人都不可能完全脱离群体而生活，都需要朋友之间、同事之间的融洽关系。每个人都渴望得到爱情，有爱人的需求，也有被爱的需求。另一方面是归属的需求，也就是每个人都渴望能够归属一个群体，希望成为群体的一部分，跟其他成员能够互相关照。人在情感上的需求比在生理上的需求更加细致，它跟一个人的生活经历、教育经历、宗教信仰等都存在十分密切的联系。

尊重需求可以分为两个方面，一个是内部尊重，一个是外部尊重。所谓内部尊重，是指一个人处于各种情境中，希望自己有足够的信心和实力，能够独立自主地解决各种问题；而外部尊重是指一个人希望自己有一定的社会地位，能够得到别人的尊重和认可。

马斯洛认为，如果一个人的尊重需求得到满足，那么他就会对自己充满信心，对生活充满热情，能够认识到自己存在的价值。自我实现需求是指实现自己理想和抱负的需求，这是一个人最高层次的需求。

马斯洛所提出的需求层次理论，体现了人类行为和心理活动的共同规律。人的需求是从低级到高级不断发展的，比如当一个人满足了最基本的生理需求之后，就会开始追求安全、爱和归属等更高层次需求的满足。

马斯洛的需求层次理论也可以跟我们目前讨论的文化创意产业结合起来。对马斯洛的需求层次理论进行延伸，我们可以知道，当一个人最基本的物质层面的消费需求得到满足之后，就会产生精神文化消费需求，这种消费需求的变化趋势是符合人类心理发展规律的。当前，随着社会经济的稳步发展，人们的生活水平普遍提升，在这种情况下，人们的生理需求、安全需求很容易得到满足。但是人们的需求是不断发展的，在生理和安全等基本问题得到解决之后，人们的消费中心开始向教育、文化、旅游等方向偏移。而随着社会的发展进步，文化创意产业获得了更多支持，得到了迅猛的发展。而文化创意产业的发展进一步满足了人们在文化、教育、休闲、娱乐等方面的心理需求，在维持社会安定、促进社会进步方面发挥了重要的作用。简单来说，文化创意产业具有以下几种社会功能。

（1）文化创意产业在发展过程中，产出了很多优秀的休闲和娱乐产品，这在很大程度上满足了人们不断发展的文化需求

文化创意产品融合了文化和创意要素，实现了文化与科技的对接，并且以各种不同的形式将古老文化的特色和魅力呈现出来。文化创意产品的基本表现形式是文字、影像、声音等，在内容上则倾向于大众化的情感表现。在我国传统文化之中，一直存在雅俗之分，而文化创意产品却打破了雅和俗之间的界限，使得产品具有雅俗共赏的特性，能够吸引更多人，满足更多人在文化和娱乐方面的需求。

（2）文化创意产业的发展促进了教育的普及，也在一定意义上提升了教育的质量

文化创意产品不仅仅具有娱乐性，如果我们只从娱乐的角度来理解文化创意产品，未免失之偏颇，而且也忽视了文化创意产品的更大价值。实际上，文化创

意产品借助通俗化、大众化的形式，体现了其科技性、教育性内涵。人们在接触文化创意产品的过程中，能够学到很多新的知识。

比如，2008年随着北京奥运会的临近，奥运知识普及成为一个十分迫切的任务。如果依靠传统的教育方式，有关部门即使耗费大量人力、物力，也很难较为全面地覆盖受众群体。同时，单纯的讲解也会使得对奥运知识并不了解的普通大众在面对枯燥的数字、概念时产生厌烦情绪。而《福娃奥运漫游记》则以动漫的形式将奥运相关的知识和情况介绍给人们。这种表现形式通俗易懂，且极具趣味性，人们在娱乐消费的过程中，就可以轻松了解与奥运相关的内容。

再如，湖南三辰卡通集团有限公司创作的我国第一部大型科普动画系列故事片《蓝猫淘气3000问》，以活泼可爱的卡通形象、引人入胜的故事情节，向少年儿童传播了大量的科普知识。

（3）文化创意产业的发展在一定程度上促进了体育、卫生等各项社会事业的发展

在举办奥运会之前，需要设计奥运会标志以及奥运会吉祥物，要发行体育彩票，这给体育、卫生等各项社会事业带来了十分丰厚的回报，从而推动其健康发展。比如，2008年北京奥运会吉祥物"福娃"相关商品直接销售额极高，其收入在奥运会总体收入中也相当可观。

总而言之，文化创意产业的发展，使得民众更高层次的消费需求得到充分满足，提高了人们的生活质量，从而推动了社会的发展和进步。

三、文化创意产业的重要意义

（一）民族文化意义

随着国民经济持续快速增长，我国居民消费结构升级换代、产业结构下游化发展，已经成为必然趋势。需求的高档化、文化化趋势，加之我国庞大的人口基数，导致了中国文化市场正在呈几何级数增长。长期的计划经济体制和传统文化观念束缚，使得我们目前面对文化需求的迅速增长有些力不从心，导致产品数量与需求之间的严重脱节。面对巨大的中国文化市场，任何发达国家都不会坐视不管，很多国家正虎视眈眈地紧盯中国市场，千方百计要将本国文化产品推销到中

国。在这种形势下，很多外国的文化产品涌进中国的国门，成为大众日常的消费品。而在这些消费者中，有很多是青少年，他们思想观念尚不成熟，喜欢追求新鲜事物，外来的文化产品使他们产生了强烈的好奇心和消费的欲望，在长期的影响之下，他们很容易形成崇洋媚俗的消费偏好，其思想观念也难免被这些文化产品所体现的价值观影响，甚至对本民族文化失去自信。

一些实力雄厚的文化创意产业集团和外资对中国市场表现出极大的兴趣，他们所采取的策略不仅仅是将文化消费品直接投入中国市场，出于对长远利益的考虑，他们还会采取寻求代理、合作等本土化策略。如此一来，丰厚的中国文化资源就不再是中国文化企业所独有的，而是作为人类精神遗产和财富被来自世界各国的文化企业所开发。从积极的角度看，这种开发固然有利于中国文化和审美经验在世界范围传播，扩大中国文化的国际认知度和影响力。但与此同时，这种文化的开发也使得文化资源争夺的形势更加严峻，强化了文化资源的有限性。特别是一些发达国家在科技和经济方面有着很大的竞争优势，在对中国传统文化资源进行开发时就更容易一些。这些成功的文化产品在进入中国文化市场时文化折扣度较低，从而成为国外产品进攻中国文化市场的有力武器。

这些文化产品虽然表面上取材于中国传统文化，但在改造的过程中也产生了种种歪曲化的阐释和表现。比如，"迪士尼制造"的《花木兰》虽然在故事梗概和形象来源上取材于中国古代经典故事，但在电影文本中，它已经脱离了中国传统文化中所宣传的孝道，而彻底成为具有美国式英雄主义的巾帼英雄。

再如，《西游记》在日本仅电视连续剧就有四个版本。其中，日本富士电视台播出的电视剧《西游记》获得了较高的收视率，但在这部《西游记》中，唐僧由女演员扮演，着白冠白袍，除了慈悲为怀，还不时表露出女性的柔美和细腻；孙悟空是"神经质超人"，乘滑板来去自由；猪八戒戴一顶红绿条纹相间的帽子，除了一对招风耳之外，外貌无异于常人；沙和尚好色、好斗……一部《西游记》被"恶搞"成这样，实在让大多数中国人难以接受，但富士电视台已经把电视剧卖到韩国等亚洲的四个国家和地区，甚至包括欧洲、澳洲的多个国家也对该剧充满了浓厚的兴趣。

在商业逻辑的指导下，传统文化中的严肃的主题往往被消解，崇高的价值常常被忽略。一旦人们习惯了种种"戏说式"或者"美式""日式"的文化产品，中国传统文化中的精神内涵和价值观很有可能随着产品的消费而大大削减，久而久之就会扭曲一个民族文化传承的价值观，对中国文化的国际形象产生负面影响。

需要特别强调的是，我国文化资源和文化市场优势的丧失，以及国外资本和文化企业的进入，导致我国文化创意产业利润的急剧下降，这严重威胁到了中国文化创意产业的发展，甚至还有可能损害我国的文化安全。要改变这种状况，就必须大力发展中国文化创意产业，发挥其保护、传承并发展我国民族文化的重要作用。

（二）经济结构意义

1. 发展文化创意产业有利于中国产业结构调整

产业结构升级换代是经济发展的必然趋势。全球化时代以前，产业结构的升级换代主要是以时间序列进行纵向递进，即随着一国经济的发展，就业人口、经济比重等沿着第一产业、第二产业、第三产业的顺序向前推移。随着全球化时代的来临，产业结构开始按照空间序列进行重新调整。发达国家越来越倚重知识密集型、资本密集型、技术密集型产业，而将劳动密集型、低附加值产业向发展中国家转移。在一定程度上说，中国"世界工厂"地位的形成便是国际产业分工的结果。

20世纪末以来，世界经济迅速发展，高科技领域也有了很大的突破。在这样的背景下，全球范围内产业结构调整的速度明显加快。面对迅猛而来的科技创新与产业革命，各主要国家和地区都在加速制定产业发展战略，以占据产业升级的制高点。依靠信息技术而获得巨大经济效益与社会效益的美国，继信息产业崛起后，又未雨绸缪地加快实施生物技术和纳米技术的产业化战略。日本也从2000年开始启动大型高新技术计划——"新纪元工程"，将信息技术和生物技术作为两大重点发展对象。欧盟在第五个科技发展和研究框架计划中，确定了包括生物技术和信息技术在内的六大重点研究与发展方向。

在全球产业结构调整步伐不断加快的情况下，中国产业结构仍存在很多问题，比如，第一产业的比重太高，第二产业比例不协调，第三产业的发展则相对落后，产业结构的变化不能满足市场需求的变化，等等。针对这些问题，就要加大对知识密集型、附加值高的文化创意产业的发展力度，无论是对中国产业结构调整的整体而言，还是对中国文化创意产业的发展而言，都具有不可忽视的重要意义。

对中国产业结构的整体调整而言，文化创意产业有利于优化中国整体产业结构，提升第三产业在国民经济中的比重。对中国文化创意产业的结构调整而言，文化创意产业有利于提升文化产品的附加值，优化文化产业内部结构。

目前来看，我国的文化产业所涉及的主要领域依旧十分传统，如演出业、影视业、广告业等，但是在一些发达国家，创意设计产业、动漫产业、网络游戏业等已经十分成熟，产生了巨大的经济效益，但是在这些领域，我国还处在刚刚起步的阶段。所以，从整体来看，我国的文化产业结构是比较落后的，要想改变这种产业结构，就必须注重文化创意产业的发展，提升文化产品的附加值，从而得到更高的经济效益。

2. 发展文化创意产业有利于中国制造业核心竞争力提升

无可否认，中国已是世界制造业大国，中国"世界制造工厂"的地位已经确立。目前，中国已经有上百种商品的产量位居世界首位。但是，中国在成为"世界制造工厂"的同时，却并未实现利润的同步增长。缺乏自主知识产权产品，已经成为影响中国制造业核心竞争力提升的重要因素。我国拥有自主知识产权核心技术的企业较少，拥有商标的企业仍不够多，高技术含量产品很多依旧依赖进口。我国自主品牌产品出口存在欠缺，在电子产品和设备出口中，大部分出口商品单位价值低于韩国、马来西亚和新加坡的同类商品。

在"中国制造"享誉世界的同时，我国制造业存在的一个严重问题逐渐凸显出来，那就是缺乏具有自主知识产权的核心技术，这在很大程度上影响了我国制造业的国际竞争力，同时也限制了我国综合国力的提升。所以，尽管不少人为"Made in China"（中国制造）风靡全球而沾沾自喜，为中国巨额的对外贸易顺差而骄傲自豪，但这些产品和巨额的对外贸易顺差并未给我们带来应有的实际效益。由此一度造成如下问题：加工贸易顺差是我国贸易顺差的主要来源，而我国加工贸易出口大部分来自外商投资企业。也就是说，在我们的巨额对外贸易顺差中，有很大一部分利润是被跨国公司和外商拿走了。

在"中国制造"高歌猛进的同时，发达国家却止依靠其创意和对核心技术的占领，逐渐对中国产业进行渗透，对中国进一步发展成制造业强国造成了严重的威胁，与此同时，他们还试图融入我国其他产业。

中国经济发展的优势是廉价劳动力资源比较丰富，一些跨国公司之所以对中国进行投资，其主要目的就是将中国置于跨国公司国际分工体系中低增值环节生产基地的位置。一般情况下，跨国公司主要是借助创意产业来实现这种国际分工，也正因如此，中国向世界出口的产品不断扩大生产规模时，中国劳动力的工资水平却没有得到相应的增长。这说明，如果一个制造业大国仅以廉价的劳动力作为主要优势，那么在国际分工体系中的位置将是十分被动的，并且要承担着极大的风险。

文化创意产业的发展不仅能够带来巨额的直接经济利润，还能对良好创意形成孵化作用，通过创意的促发，增加产品附加值，获取品牌效应，对中国制造业核心竞争力的提升起到积极的推动作用。通过大力发展文化创意产业，大量输出文化产品，充分利用中国丰厚文化资源的优势，大力推销中国品牌，与此同时，不断改进生产理念和技术，提升产品中的文化和科技内涵，提升产品的吸引力，并借助海外华人的力量，培养消费中国品牌的消费者，在更大的范围内，树立起消费中国品牌的观念，使中国品牌得到更多的认同，从而促使中国从制造大国向拥有自主知识产权的品牌地位迈进，并且在文化竞争愈加激烈的世界市场上站稳脚跟。

（三）国际形象意义

1. 发展文化创意产业，是变文化资源优势为产业优势的关键所在

在全球文化竞争日益激烈的今天，要提升一国文化的国际竞争力，必须将潜在的文化资源转化为文化资本。《辞海》将"资源"解释为"资财的来源"。作为财富的来源，资源仍然处于潜在的境况之下，只有将资源转化为资本，文化才能够带来巨大的直接经济效益。

文化产业发展的关键就在于创意，如果没有创意，那么即便文化资源十分丰富，我们的文化创意产业也很难发展起来，无法实现成为文化创意产业大国的目标。作为四大文明古国之一，我国有着十分悠久的历史，在五千年的历史长河中，积累了丰富而璀璨的文化资源，但是，由于缺少良好的创意，导致很多优秀的文化资源被闲置，不能在新的时代背景下发挥出更大的价值，甚至还有很多珍贵的文化资源被外国利用，从而给我国的文化创意产业造成一定的冲击。

在文化经济化发展的过程中，我们必须充分认识到：我国具有丰富的文化资源，但这并不代表我国在文化创意产业发展方面就独具优势，我们必须对文化进行创意的挖掘和激活，才能把文化资源优势转化成产业发展优势。任何一种文化资源，必须经过一定形式的再创造，才能发展成具有知识产权的文化产品，才能产生经济效益。另外，如果文化资源比较匮乏，那么也有可能在文化创意产业发展方面取得优异的成绩，甚至成为文化创意产业大国。就以美国为例。美国不过有200多年的历史，其文化资源十分贫瘠，但是在文化生产和传播方面，却一直占据领先地位。究其原因，则在于美国善于借鉴其他国家的文化，不遗余力地从其他国家汲取文化营养，比如美国产出的动画片《花木兰》，其题材就取自中国文化，获得了丰厚的经济回报。我们要将五千年的丰富文化资源转化为产业发展的资本，就必须大力发展文化创意产业。

2. 充分发挥后发优势，实现与国际文化创意产业接轨

20世纪七八十年代，英美等一些发达国家就开始重视文化产业的发展，率先进入了知识经济时代。而我国的文化创意产业起步较晚，这使我们在市场和产品上并不占有优势，限制了我国文化创意产业的发展速度。但同时，我们应该以辩证的角度来看待这一问题，中国文化创意产业确实暂时落后于一些发达国家，然而我们可以充分发挥后发优势，尽快实现与国际文化创意产业接轨。

一般来说，后发国家的后发优势不仅体现在跟随性的模仿创新，而且体现在一定条件下后发国家可以直接进入高科技领域，抢占经济发展的制高点，在某些领域或产业具有超过先发国家的可能性。

在文化创意产业发展方面，我们完全可以发挥后发优势，实现我国文化产业与发达国家的接轨。较之于传统文化产业，文化创意产业对科技、创意等要素的依赖更为明显。对科技要素而言，在全球化时代，它们可以很容易地被中国文化创意产业利用。对创意要素而言，西方发达国家在发展传统文化创意产业的过程中积累了大量相关经验，这些经验我们完全可以采用"拿来主义"的态度进行借鉴。

第二节 文化创意产业起源与变迁

一、文化创意产业的起源背景

创意产业，又称"创意工业""创意经济"，其概念主要源自英语"Create Industries"或"Create Economy"，是"一种在全球化消费社会的背景中发展起来的，推崇创新、个人创造力、强调文化艺术对经济的支持与推动的新兴理念、思潮和经济实践"[①]。创新是创意产业的基础，创意是创意产业的核心竞争力。从广义的角度来说，只要是利用创意来推动其发展的产业，都可以称之为"创意产业"，因此，通常把"以创意为核心增长要素的产业，或者缺少创意就无法生存的相关产业统称为创意产业"[②]。创意产业的出现是知识、文化在经济发展中地位日益增强的结果。

创意蕴藏于一切文化和经济活动中。创意是社会文化活动中必不可少的一部分，缺少创意，便缺乏应有的生命力和价值内涵。比如，在现代经济活动中，美学设计已经融入社会各行各业中，建筑设计、工业设计讲究美感，商标设计、企业形象设计需要凸显主题特色、富有质感。在不断创新的环境下，创意产业几乎融入所有产业领域中，随着社会对创意的重视以及其自身价值的体现，创意逐渐脱离其他产业，形成产业化。

（一）需求升级

在以高科技为主导的现代社会中，人除了温饱和安全之外，更迫切地要寻找人生的意义，有更高、更深、更远的追求。而创意产业可以提供丰富的文化产品，来满足人们日益增多、日益迫切的文化需求和精神需求。文化消费是创意消费的主要市场，主要体现在两个方面：一是越来越注重文化产品的消费，随着人们基本温饱问题的解决，精神需求日益增长，因此，电影、戏剧、音乐等艺术和艺术品的消费具有了广阔的市场基础；二是人们对于所需产品品质的要求逐渐提高，不再满足于基本的功能需求，而更多地看重附加价值，追求新颖和独特。产品提供者不得不对产品持续创新，来吸引更多的目标消费者。

---

① 金元浦：《当代文化创意产业的勃兴》，《社会观察》2005年第2期。
② 厉无畏主编：《创意产业导论》，学林出版社2006年版，第4页。

(二)科技进步

科学技术为我们的生活创造了更多的可能,将人们心中的奇思妙想变为现实。科技进步为文化创意产业提供了更宽广的发展空间,依托技术实现产业规模整合,激活了创意资源。创意产业的发展获得了科学技术强有力的技术支持,突出表现在网络技术对传统艺术形态的更新换代。科学技术同时也可以成为展示创意的舞台,延伸了新型创意产业的领域。科学技术的进步,革新了人们的传统观念,改变了人们的生活、生产方式,拓展了创意产业的产业链。

(三)产业转型

经济结构转型是创意产业发展的重要契机,并为其提供了良好的资金及环境条件。一方面,随着城市经济的发展,商业成本不断提高,同时为满足人居环境改善的需求,城市产业结构不断调整,以重化工业为代表的传统工业日渐衰退和陆续迁出,这为服务业提供了充分的发展空间;另一方面,城市本身的产业基础优势进一步加速了服务产业的发展,如邻近交易市场、基础设施完备、信息优势和专业人才,促使产业不断融合和分工深化,最终集聚形成新的产业,并且始终处于调整优化状态。

(四)全球化趋势

随着通信、交通、科技的高速发展,世界各国之间的联系越来越紧密,不同文化背景的交流越来越频繁。全球化浪潮下,不同文化之间的交融和碰撞,为创意产生提供了有利的外部条件。放眼世界,创意产业发达的地方往往是众多文化交流汇集之地。同时,全球化趋势将世界各地连接起来,市场竞争日趋激烈,任何一种商业创新、技术创新都不足以维持长久的竞争优势,极易被其他竞争对手模仿甚至超越。因而,保持长久竞争力的唯一出路就是不断保持创新。所以,推动创意产业的发展符合当今国际竞争的要求。

二、文化创意产业的变迁脉络

(一)文化创意产业在外国的变迁发展

尽管"文化创意产业"在20世纪90年代才被正式提出,但从历史延伸的角度来看，文化创意产业是由文化产品到文化工业到文化产业一步步发展起来的。这一变迁脉络能够让我们对文化创意产业的发展有一个更全面的认识和理解。

1. 从文化产品到文化工业

通常情况下，学界将那些可以满足人们精神需求的产品称为"文化产品"。这种意义上的文化产品在种类和形态上体现出多元化特征。文化是一个比较复杂的体系，是由多种元素组成的。这个体系中的各个组成部分在功能上存在着相互依存的关系，在结构上相互连接，从而在社会导向方面共同发挥作用。精神要素、语言和符号、规范体系、社会关系、物质产品等都是构成文化产品的要素。总之，文化产品通常是由人类进化过程中衍生出来的、由后天习得的、在一定区域内共有的、具有民族性和特定阶级性并在一个连续不断的动态过程中创造的产品。

在很久之前，文化产品就已经被当作商品进行交易，但是，直到20世纪中期，文化才开始真正地向商品化方向发展。1776年，工业革命在英国首先爆发，之后逐渐延伸到欧洲各国乃至全世界，人类社会生产水平得到了大幅度提高；到了19世纪末20世纪初，随着西方工业国家居民收入水平的提高以及闲暇时间的逐步增多，人们对文化产品的需求也相应增加，产品的生产和发行呈现出高度资本化的特征，越来越多的产品通过中介、发行人来发行，复杂的劳动分工在文化生产中出现了，接着，更具有专业性和组织性的专业公司剧增，文化产品开始进行大批量的工业化生产和发售。"文化工业"的概念首次由德国法兰克福学派霍克海默和阿多诺在1944年的《文化产业：欺骗公众的启蒙精神》一文中提出，在他们看来，文化产品已经呈现出按照一定的标准、程序批量生产、机械复制的特征，逐渐缺少独特的内容和风格，完全以类似于工业生产流程的方式进行生产。

2. 从文化工业到文化产业

文化产品以一种类似工业生产的模式进行生产的时间并不是很长，随着发达经济体经济和政治环境的变化，文化的产业形态逐步显现。

20世纪六七十年代，资本主义战后的黄金时代终结，滞胀式经济衰退的难题出现，商业环境也发生了整体性变革。这些都让社会、文化、市场的交织与联系更加紧密，文化产业也开始萌动。发达资本主义国家的经济衰退持续到20世纪90年代，为了摆脱困境，发达工业国家的商业从原有的原料加工、建筑业、农业等向服务业转移，这就为文化产业的发展提供了经济环境。此外，商品的买卖日趋国际化，新兴经济体陆续加入全球分工，跨国公司在全球范围内急剧扩张，文化产业的运作也向国际化靠拢。

与此同时，大约在20世纪80年代，以里根、撒切尔夫人等为代表的新自由主义政府的上台推动了西方世界的私有化改革，这为文化产业的发展创造了良好的政治环境。具体来看，在1980年之前，很多国家的电视、广播、电信机构都是国家控制的，而新自由主义的兴起改变了这一局面，同时商业公司认识到文化、传播和休闲产业良好的发展前景，便积极投资文化产业。文化产品的生产和营销模式发生了根本性变化，突破了传统产业的运作路径，在整个产业体系中扮演日益重要的角色。

3. 从文化产业到文化创意产业

在20世纪90年代以后，文化产业开始向文化创意产业转型，这种改变并不仅仅是语义层面的改变，它以文本创造方式的转变为核心，是一种根本意义上的转变。

个体所具有的创意、技巧和才能，是创意产业的起源，但随着消费社会的到来，通过对文化文本的创造和利用，文化的视觉形象和符号体系得到了再生产，这在影响消费趣味方面发挥了十分重要的作用。所以，文化创意产业的兴起，可以被看成是对文化产品的重新构造。

文化创意产业兴起的主要因素，就是创意群体和创意阶层的兴起。法国社会学家皮埃尔·布尔迪厄对此有着独到的见解。他在《区分》一书中创造了"文化中间人"的术语。他认为，在新兴小资产阶级中，有一个新的社会阶层，他们有着独特的文化品位和习惯，他们的职业一般与呈现和再现相关，比如营销、广告、时尚、装饰等，而且，他们处在提供符号物品及服务的系统之中……

在文化产业的迅速发展中，一个新的社会阶层开始出现，他们一般被称为"创意阶层"，这一阶层的出现使得现有的经济发展格局发生变化，同时也构建了新的社会形态，在人与社会之间建立了一种新型的关系。在社会经济发展的过程中，创意人才发挥着举足轻重的作用。同时，一些学者经过调查和研究发现，美国的创意经济之所以呈现出良好的发展态势，是因为他们具有强大的创意社会结构。

（二）文化创意产业在中国的逐渐兴起

近些年来，文化创意产业在西方国家得到了迅猛发展，并逐渐走进中国，引起了政策制定者、理论界和大众传媒的关注。

尽管通过各种相关统计数据，我们可以看到中国文化创意产业发展的良好前景以及所取得的优异成绩，尽管对于"文化创意产业"这一新的概念，全国各地、各行业都表现出极大的热情，但是，从现实来看，我国有着十分丰厚的文化资源，但并不是文化产业大国；我国的文化创意产业发展还停留在比较基础的阶段，跟一些西方发达国家相比是比较落后的。

科技（technology）、人才（talent）、宽容（tolerance）是创意产业发展最主要的元素。从这个角度来说，中国要想大力发展文化创意产业，首先要注重人力资源的开发，注重政策环境的宽松化。通过对我国文化创意产业发展现状的分析可以发现，我国极度缺乏能够深刻理解文化属性和市场属性的复合型人才；另外，中国文化有着较强的意识形态属性，文化资源的控制权被政府掌握，政府在文化方面所做出的决策，直接决定着文化在市场化道路上能走多远。所以，中国要想大力发展文化创意产业，就必须打破传统思想的束缚，同时要加大对相关人才的发掘和培养。

第三节 文化创意产业的要素与特质

一、文化创意产业的要素

影响文化创意产业发展的要素有以下几种：较强的文化创意能力、极高的模仿吸收能力、网络化的组织结构、包容性文化环境、现代化创意技术、充足的文化产业资本、完善的产权保护制度。在不同的创意产业中，这些要素发挥着不同的作用。在文化创意产业的发展过程中，这些要素是缺一不可的。

（一）文化创意能力

任何创意产业得以生存和发展的基本条件，就是具有较强的文化创意能力。对此我们可以直接做出论断：如果没有文化创意，那么就不可能存在创意产业。文化创意能力的内涵有以下三点（图1-3-1）。

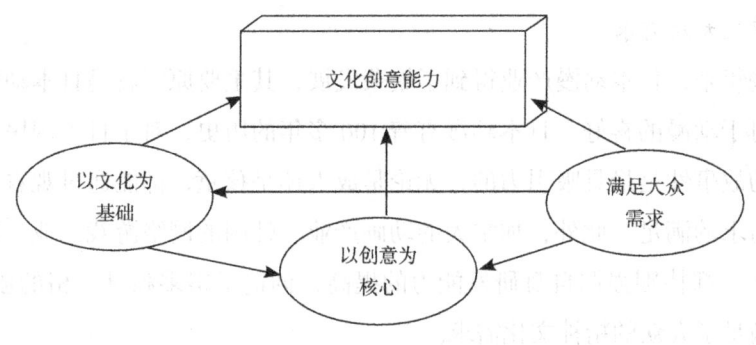

图 1-3-1　文化创意能力

1. 以文化为基础

2019年2月，影片《流浪地球》获得了极高的票房，观影人次超过1亿，这是目前我国科幻影片取得的最好成绩。影片根据刘慈欣同名小说改编，故事设定在2075年，背景是太阳即将毁灭，人们面临着最大的生存危机。在这种绝境之中，人类开启了"流浪地球"计划，试图带着地球一起逃离太阳系，在茫茫宇宙中寻找新的栖身之地。

从票房数量和观影人次可以看出，这部影片获得了极大的成功，而之所以能取得这样优异的成绩，其主要原因就是，它所反映出的价值观跟外国不同，具有明显的中国特色。在同类型的外国影片中，经常会出现以暴制暴的价值理念，突出自己高贵、别人低贱的价值观。但《流浪地球》不同，它借助新奇的背景设定和精彩的故事情节，体现出的是一种"世界大同、天下一家"的博大胸怀，它倡导在面临危难之时，全人类能够团结起来，同心协力，共克时艰。这体现了中华传统文化中讲仁爱、重民本、守诚信、崇正义、尚和合、求大同的价值观念，彰显了中华优秀传统文化的自信和担当。

2. 以创意为核心

国产动画片《大鱼海棠》，中国风十足，无论是人物形象、服装设计，还是音乐方面，均具有创意性。影片以中国神话故事的方式传达中国传统思想，标志着中国国产动画电影的新起点。创作者用其特有的方式表达了一种更为开阔的生命观和宇宙观，鼓励人们坚持自我，发挥自己的力量，实现自己的价值，以此来获得本真、无惧、豁达的生活。国产电影创作不仅要传承，更要有创新。显然，《大鱼海棠》的成功是由创意决定的。

3. 满足大众需求

近些年来，日本动漫产业得到了繁荣发展，其主要原因就是日本动漫十分符合大众对于动漫的喜好。日本动漫有着100多年的历史，对于日本国民来说，日本动漫的故事性是最具吸引力的，无论是成人还是孩童，都能通过观看动漫来得到精神需求的满足。此外，加拿大的动画产业、韩国的网络游戏产业、德国的设计产业等，都特别强调自身研发能力的提高，创造了很多独具一格的创意产品，有效地满足了大众的精神文化需求。

（二）模仿吸收能力

文化创意产业要想不断扩张和发展，就必须要有一定的模仿和吸收能力。在没有足够的知识、技术等条件的支撑下，创新是很难实现的，所以模仿往往是创新的前提，并且，以模仿为基础的创新有着耗时短、成本低的特征，这更加符合企业发展的利益。在一定程度上，模仿吸收的能力决定了企业间相互学习和借鉴的情况，在各个企业之间，如果有着浓厚的模仿和学习的氛围，那么创意产业发展的速度就会更快。而满意度是模仿吸收能力的前提，也是再创新的基础，满意度越高，模仿吸收能力发挥的作用越突出，吸收能力越强，再创新的可能性就越大（图1-3-2）。

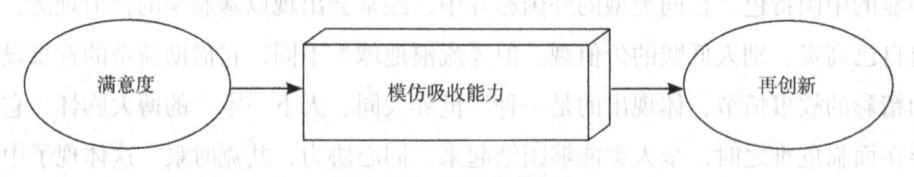

图1-3-2 模仿吸收能力

反映模仿吸收能力的最典型案例当数中国大芬"油画村"。目前，深圳大芬村已经形成集生产、收购、出口于一身的特色油画产业链。在油画生产方面，大芬村以临摹行画为主。在大芬村，有很多人都从事行画生产，一个人只要经过半年的学习，就可以独立生产简单的风景画，有的还可以临摹《蒙娜丽莎》《向日葵》等世界名画。而为了保证油画产业的持续和繁荣发展，大芬村开始重视油画的原创性，逐渐将本土文化融入油画创作中。这充分说明，文化创意对于产业发展来说必不可少，而模仿吸收能有效推动产业的发展。

（三）网络化的组织结构

网络化的组织结构是创意企业之间相互联系而形成的关系网络，是文化创意产业重要的发展模式。网络化的组织结构的类型如图 1-3-3 所示。

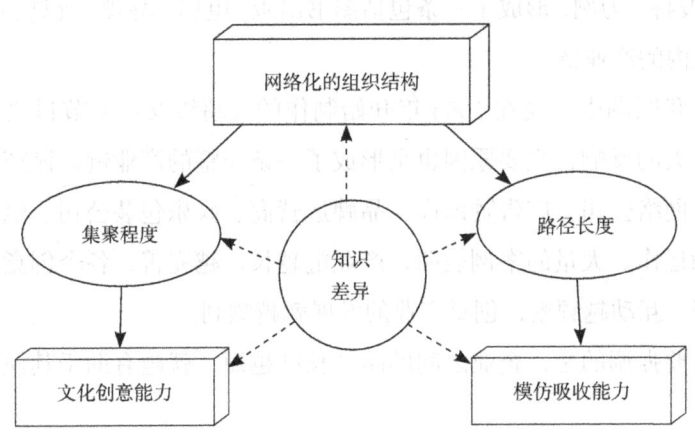

图 1-3-3　网络化的组织结构

1. 集聚程度

通过对国内外相关案例的分析可以发现，文化创意产业发展的最明显特征之一就是集聚化。这种集聚化主要体现在同类行业创意企业和人才的聚集，但是创意企业和人才并不完全相同，这说明产业内部与创意相关的知识、技能既属于同一种类型，同时又存在一定的差异性。

根据事物发展的一般规律我们可以认识到，不同种类事物的聚集会产生"涌现现象"，从而很有可能导致新奇事物的出现。这也说明，集聚的程度越高，企业创新的可能性就越大，与此相应，文化创意能力的提升就愈加明显。

比如，日本一共拥有数百家动漫制作公司，但是这些公司大部分都聚集在东京。在加拿大的不列颠哥伦比亚省，则聚集了数十家动画制作公司，还有多所电脑动画学校。德国也存在这一现象，数百家设计公司都聚集在柏林。通过这些真实的案例可以发现，文化创意企业和人才的大量集聚，能够在很大程度上推动产业的蓬勃发展。

2. 路径长度

所谓路径长度，指的是在网络组织内，创意企业跟其他企业互动的距离。这在一定程度上反映了企业之间联系的密切程度，也反映了不同企业之间相互模仿和吸收的情况。如果企业间的平均路径长度越短,就说明企业间的互动比较频繁,并且企业之间形成了产业链关系,与此相应,企业之间模仿吸收的效率也就越高。

美国好莱坞电影之所以能够繁荣发展,主要是因为它具备了完整的产业链。以《哈利·波特》为例,形成了一条包括图书出版、电影、游戏、玩具、唱片、服饰、游乐城等在内的产业链。

另外,我国湖南卫视在2004年开始制作的《超级女声》节目之所以在社会上引起了巨大的反响,主要原因也是形成了一条完整的产业链。该产业链包括节目制作商、网络公司、广告赞助商、品牌运营商、娱乐包装公司、电信运营商等之间的联动运作。大量的案例表明,产业链越长、越完善,各个创意产业之间的联系越紧密、互动越频繁,创意产业的发展就越顺利。

最后需要强调的是,企业之间的路径长度越短,就越有助于其模仿吸收能力的提升。

(四)包容性文化环境

通过对国内外一些典型案例的分析我们可以发现,包容性文化环境(图1-3-4)是文化创意产业发展的非正式约束,具有两大性质:其一是开放性,主要表现为,本土文化以较强的包容性,积极吸收外来文化,这促进了文化的融合与交流,从而提升了文化创意的可能性;其二是匹配性,主要表现为,文化产业特性与社会文化、地方特色文化进行一定程度的融合,凸显出产业的异质性,进而在市场上形成较强的竞争力。

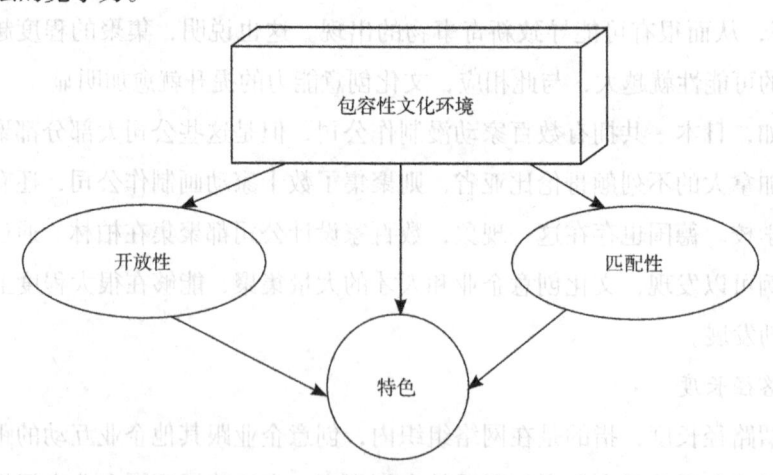

图1-3-4 包容性文化环境

（五）现代化创意技术

文化创意思维必须转化成具体的产品，才能发挥其社会效益和经济效益，而支撑文化创意思维完成这一转变的，就是现代化创意技术。现代创意技术是推动创意产业高端化发展的核心力量。比如，韩国网络游戏产业的发展就在很大程度上依靠网络技术的支持。2011年，韩国的网速就已经达到了世界第一的水平，而智能手机的开发以及手机网络的普及，则进一步推动了网络游戏的发展。

美国电影产业的发展也主要依靠先进技术的支持。以电影《阿凡达》为例，它采用专门开发的3D虚拟影像撷取影像技术和特效计算机，颠覆了以往3D技术的立体效果，为电影业的发展打开了新的篇章。另外，德国设计产业、加拿大动画产业、英国戏剧产业的发展，都离不开先进技术的支持。

在我国，很多地方在发展文化创意产业时也都要借助现代化技术的力量，比如成都圣花乡、深圳大芬"油画村"等。通过一系列真实案例的分析，我们可以发现，先进技术是文化创意产业得以持续繁荣发展的重要保证。

（六）充足的文化产业资本

资本的内涵是十分丰富的。本书所说的资本，指的是与货币有关的资本。在创意产业发展过程中，充足的文化产业资本是其必须具备的条件。

德国设计产业的发展处于世界领先位置。为了促进柏林设计产业的发展，德国政府直接对其提供资金支持，扶持DMY国际设计节、各种社区创意活动等的开展，并且，在创意产业就业、创意企业房屋租金等方面都予以极大的帮助。

除了政府的扶持外，创意企业也为产业的发展提供了充足的资本。比如韩国的一家网络游戏公司，以上市融资为手段来满足资金需求，利用募集到的资金积极开拓海外市场，并通过并购加强资本积累。美国百老汇剧目创作所需要的资金，大部分是来自风险投资。

（七）完善的产权保护制度

任何产业要想得到顺利发展，必须要有合理制度的保护。从实质上来说，文化创意产业是知识产权交易所形成的经济，因此，创意产业的持续发展，必须要依赖于合理的产权保护制度。如果没有相关制度的支持，那么创意产业在发展过程中，必将面临各种阻碍。从产权保护制度这方面来说，美国的百老汇和韩国的网络游戏产业可以作为典型。美国一直以来都特别重视版权保护，而韩国网络游戏产业采取的是政府支持的发展模式，其产权保护制度的建设十分完善。

美国百老汇的戏剧产业有较为完善的版权保护制度，版权交易程序法律化，有效避免了盗版问题。并且，在戏剧产业各个环节工作的人员，包括投资方、制作方、戏剧从业人员，都会签订详细的合同，对各方的权利和义务做出明确规定。可以说，百老汇的版权制度具有十分积极的意义，能够充分发挥市场激励的作用，有效调动创作人员的积极性，使得百老汇的原创能力得到保护。

韩国的网络游戏产业在政府的支持下，也建立了较为完善的产权保护制度。并且，韩国政府部门还支持下属游戏行业协会构建网游制度体系，对网络游戏使用权限、使用方式、禁止内容等进行了详细的规定。

除此之外，还有很多国家在发展创意产业的过程中，建立了相当完善的产权保护制度，从而保证了创意产业的稳定、持续繁荣发展。

二、文化创意产业的特质

文化创意产业的诞生和发展，说明社会财富的创造形式发生了历史性的变化。文化创意产业给人类社会带来了一种前所未有的生产方式，创意开始成为产品价值构成的重要因素。

（一）创新性

无论是传统产业还是文化创意产业，其生存和发展都离不开创新，但不同的是，创新在文化创意产业中扮演更加重要的角色，可以说是文化创意产业的本质特征。文化创意产业的创新性，一般是指文化产品在生产和销售的过程中，所体现出的与众不同的文化创意。

通过对大量文化创意产业的案例进行分析，我们可以发现，文化创意产业生产的文化产品，必须要充分借助其独特优势，对消费者产生较强的吸引力，只有这样，在市场上才能具有足够的竞争力，才能产生较大的经济效益和社会效益。

对于文化创意产业来说，创新是最主要的生产力，人力资本是最主要的驱动要素。在工业时代，生产规模决定产品效益，而在现代社会，这一规律已经被打破，创新在经济发展中发挥着越来越大的作用。但是，我们不能完全忽视生产手段在经济发展方面所发挥的作用。在发展文化创意产业的过程中，我们要积极地将创新要素、文化元素融入生产和服务中，实现创意与科技的紧密结合；同时，完善知识产权保护制度，建立高度市场化的教育平台。只有满足这些条件，才有可能实现创意和经济的深度融合，从而利用创意来创造经济效益。

（二）文化性

文化创意产业的发展必须要以文化为基础，如果没有文化，那么文化创意产业就是一个空壳。在文化创意产业中，所有创意在本质上都是对文化的一种创新，而创意本身也必须具有文化属性。

一般的传统产业所生产的是有形有质的物质产品，而文化创意产业则不同，它所生产的基本上是无形的文化产品。文化创意产业有着深厚的文化内涵，同时也能创造经济效益，所以它不仅有经济属性，也有意识形态属性。而文化产品所具有的不仅仅是一般意义上的商品属性，它还具有知识性、娱乐性，并且还对公众的价值取向发挥着重要的导向作用。

（三）高附加值性

文化创意产业的核心生产要素是信息、知识，特别是文化和技术等无形资产，是具有自主知识产权的高附加价值产业。文化创意产业的这种高附加值性，主要表现在，创意使商品具有了观念价值，而经济发展状况证明，在商品的价值中，观念价值显得越来越重要，是决定商品吸引力的重要因素。

在经济发展比较落后时，生产技术往往不够发达，物质比较短缺，在这样的时代背景下，人们在购买商品时最看重的是商品的使用价值。而随着社会的发展，我们已经迎来了知识经济时代。在这一时代背景下，生产技术显著提升，商品越来越丰富，在基本的需求得到满足之后，消费者开始看重商品所蕴含的价值观念。正因如此，当文化创意产业逐渐渗透到传统的制造业时，能够促进传统制造业向高附加值产业升级。

以服装行业为例，服装行业是一个传统的行业，但是，当我们将一些创意融入服装行业之中，它就会逐渐发展成一个具有较高附加值的行业。它具有知识密集型的特点，可以在一定程度上摆脱城市土地资源瓶颈的限制，保持快速、稳定的发展。

（四）融合性

文化创意产业具有较强的融合性，具体表现在，文化产业可以跟其他不同的行业互相融合。文化创意产业所具有的这种融合性，将技术、文化、制造和服务融为一体，从而促进了产业的延伸，拓展了经济的发展空间。

具体来说，一方面，文化创意产业在发展过程中，不断跟传统文化产业进行交流和互动，进而实现了跟传统文化产业的融合。在现代信息化技术支持下所产生的文化创意产业，在发展中表现出较强的生命力。这种生命力不仅表现在它极快的成长速度上，还表现在它对传统文化产业的深度渗透。

另一方面，文化创意产业的各个部门之间相互渗透。随着信息技术的普及以及传统生产方式的改变，使得传统的各个文化部门之间的界限被打破，各部门之间的交流和互动明显加强，并在互动过程中互相渗透与融合，使与买卖双方密切相关的市场区域概念转变为市场空间概念。文化创意产业的发展对优化产业结构、促进产业升级、转变经济增长方式具有广泛而重要的意义。

（五）强辐射性

由于文化创意产业有着深厚的文化底蕴，所以体现出较强的辐射性。

比如，目前我国社会上存在明显的"韩流"现象，韩国的流行音乐、电视剧、电影在我国受到广泛的欢迎。这些产品所体现的文化，吸引了很多青少年群体，甚至产生了一批"哈韩族"。韩国的一些文化观念逐渐为我国一些民众所接受。在这样的形势下，韩国的一些产品也得到了我国一些民众的欢迎。在知识经济时代，产品竞争的本质跟以往已经大不相同，知识经济社会的产品竞争，主要是利用产品所体现的文化对公众的价值观念和生活习惯产生影响，从而逐渐引导公众接受某种产品。

通过对市场的调查和研究可以发现，绝大部分有价值的产品，都有着丰富的文化内涵。而随着时代的发展，人们的价值观念和消费观念发生了明显的变化，主要表现是，人们对文化内涵的追求越来越强烈，这样的形势促进了文化的传播，从而使得具有深厚文化内涵的产品在市场上独占优势。这也是文化创意产业辐射力较强的重要体现。

（六）知识产权性

在文化创意产业中，有形资产相对较少，知识、信息、文化和技术等无形资产是其主要生产要素，这就将文化创意产业跟知识产权联系在一起。另外，文化创意产业是通过开发和利用知识产权来创造经济效益，所以，如果没有知识产权的开发和利用，那么文化创意产业就是一个空壳。

而如果没有知识产权，那么文化创意产业在发展过程中，就会出现大量的任意仿制和复制现象，使得整个市场十分混乱，进而导致整个产业的生存和发展遭到威胁。所以，要想保证文化创意产业的稳定、持续、繁荣发展，就必须要加强知识产权保护。

（七）人才性

创意是文化产品的生命之源，如果没有创意，那么文化产品就失去了生命活力，在市场上也不具备竞争力。而创意来源于人，所以，具有创新能力的高素质人才是创意产业发展的重要力量支撑。

一方面，创意人才凭借自己掌握的知识、信息和技术来开发各种文化创意产品，所以，创意人才在很大程度上决定着文化创意产业的生存和发展；另一方面，创新是一种比较难得的素质，很多人具有较高的知识水平和技术水平，但思维局限性较强，不具备创新的能力，在学习和工作中难以创造性地解决问题，所以说，具有较高素质的创意人才是十分难得的。创意人才一般都是知识型劳动者，他们思维开放，有着丰富的创意灵感。创意人才的工作往往是不可替代的，他们利用自己的智慧和才能，不断创造新观念、新技术。另外，创意人才的生产方式是脑力与体力、手工与信息化等现代化手段相结合，实现智能生产与实时敏捷生产。

在一些发达国家，随着工业化的发展，各个行业和领域的创意人才越来越多。我国要想大力发展文化创意产业，就要加强对创意人才的培养，尽可能地建立一条创意人才链，把这些具有较高素质的、各有所长的创意人才汇聚到一起，让他们在交流和互动中产生思想上的碰撞，从而共同为文化创意产品的研发做出贡献。

第二章 国内外文化创意产业发展

本章为国内外文化创意产业发展，主要分析、阐述了五部分内容，分别为文化创意产业发展概述、我国文化创意产业发展现状、国外文化创意产业发展现状、文化创意产业发展的经验启示以及我国文化创意产业发展方向。

第一节 文化创意产业发展概述

一、文化创意产业发展的主要模式

（一）政策引导模式

政策引导模式是文化创意产业发展的主要模式之一，是指政府通过制定产业发展战略和政策法律、构建金融财税体系、实施人才培养方案等来促进某一地区文化创意产业的迅速形成并高速发展，从而实现文化创意产业的跨越式大发展。

文化创意产业发展的政策引导模式如图 2-1-1 所示。

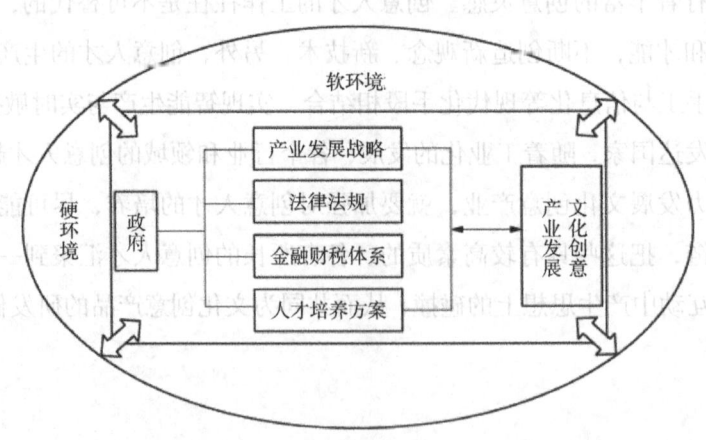

图 2-1-1 文化创意产业发展的政策引导模式

当前，文化创意产业已成为世界很多发达国家和地区经济、文化发展的重要潮流。作为一个新兴的产业，政府政策的大力支持是其有效开展的重要前提，政府政策的大力支持也为文化创意产业的发展起到了重要的引导和推动作用。

首先，在促进文化创意产业发展方面，英国是全球最早提供政策倾斜的国家，在创意产业方面可以算是首创了。英国文化创意产业政策措施，主要围绕三个方面展开：一是政府从人才培养、组织管理、资金支持等方面入手，在生产经营上强化机制建设等；二是培育市民的创意生活，打造舒适的创意环境，挖掘大众文化在经济层面所产生的影响；三是促进合作，政府在保护知识产权和提供从业者教育等方面出台相应的倾斜政策，为民企提供帮助，促进文化产品向国际输出。

这几年韩国和日本的文化创意产业发展速度较快，他们逐渐向文化创意产业强国靠拢。除特殊的历史传统和文化氛围外，合理的政策引导无疑是最主要的原因之一。①

第一，要在全国范围内制定指导性的规划，做到严谨和科学，紧跟时代步伐，宏观计划引领行业。在不同时期、不同类型的国家或地区，其产业政策都有相应的变化和调整。如韩国在1998年出台了"文化立国原则"；三年后，日本出台了"知识产权立国战略"。第二，颁布法律法规，保证产业发展的系统性和可操作性。设计政策框架，以资金补贴、税收优惠扶持产业发展。第三，要创造竞争市场环境。通过规范的程序和有序的竞争来推动行业做强做优。此外，日本政府还积极支持地区文化活动，并与地方政府联手举办全国规模的特色文化节。

（二）技术驱动模式

以文化创意和科技创新融合为依托，技术驱动成为推动文化创意产业成长的主要动力。文化创意产业的表现形式将更加丰富，从而更具高科技含量、高文化附加值和丰富创新度。

技术驱动模式是指在数字技术、网络技术、新型显示技术等高新技术的驱动下，内容产业和数字经济（包括文创设计、动漫、电影、广告、网游等）生产更便捷、品质更精良、销售多渠道、体验多方位，进而提高文化创意产业的产品美誉度和市场占有率。

---

① 张养志：《发达国家文化创意产业发展模式研究》，《国外社会科学》2009年第5期。

随着数字技术、网络技术、新型显示技术等高新技术在文化领域的广泛应用，创意设计、影视传媒、动漫游戏、数字资讯等战略性新兴产业不断崛起。还有一点需要我们注意：技术在给文化创意产业带来生机与活力的同时，也使文化创意产业的发展空间与潜能得以充分释放，科技创新已成为推动文化创意产业增长的主要动力。

互联网和新科技的发展一方面促进了实体经济与虚拟经济的融合，使得产业边界变得模糊；另一方面也通过创新文化生产方式来改造传统文化产业，不断催生出新业态。

近年来，发达国家不断加强科技对文化创意产业发展的推动。在这个基础上，增强了文化创意产业科技服务能力，同时也增强了文化创意产业对经济发展的支持作用。以美国为例，它在自身的经济处于优势地位的基础上，综合考虑政策外交、文化科技等因素，在全国范围内已形成了一条庞大的文化产业链，具有繁盛的文化市场，以及一大批文化消费者。例如，独霸全球的好莱坞电影，其最大的优势便是拥有无可比拟的技术和源源不断的资金；伦敦文化创意产业的快速发展很大程度上依赖于数字化技术对创意产品和服务的制造、传播，以及消费方式的创新和改进，如伦敦泰特现代美术馆和阿尔伯特博物馆等，都借助数字化技术来向观众展示它们的收藏品与作品。

文化创意产业中注入科技的含量，不仅创造出新的文化产品形式，而且还使传统的文化消费方式得到了改善，更加推动了公共文化和文化创意产业的发展。而科技领域注入文化创意元素也有助于提升产品延伸价值，扩大需求市场，从而创造双赢。在云计算技术、未来物联网和数字商务的基础上，文化创意产业将会发生重大变革和新的突破，并向更高阶段的智慧化演进。

（三）产业升级模式

首先，我们要明白，文化创意产业要想成长必须经历产业升级。产业升级主要体现在完善产业结构、提高产业素质等方面。文化产业在整个国民经济中具有重要作用，其经济增长方式由粗放型向集约型转变需要通过产业结构调整实现。其一，产业结构改善体现在行业协调发展、结构升级等方面。其二，产业素质则体现在人力资本质量的高低上。应优化组合生产要素，加强技术水平与管理水平，进而提高产品质量。

总体来看，文化创意的产业升级模式通常表现为产业融合和产业集聚两种形式。

1. 产业融合

文化创意产业的发展离不开技术进步和产业融合的推动。

20世纪80年代，互联网技术开始逐步推广。在传媒领域，数字技术被广泛运用，推进了出版、电视、音乐、广告、教育等产业的融合浪潮，全球文化创意产业正在经历着产业升级引发的变革。这里主要探讨文化创意产业与工业、农业、旅游业、建筑业的融合发展（由于本书第三章将对文化创意产业与其他产业的融合进行更为详细的阐述，此处仅为简要介绍，以供读者有所了解）。

（1）文化创意与工业的融合，在纵向延伸和横向服务两个维度上激发了产业转型和升级的活力

文化创意与工业的横向服务链融合，主要是通过对工业产品的外观、结构、功能等进行创意设计来提高质量、提升附加值，从而大幅提升工业产品的价值。文化创意与工业的纵向产业链延伸，主要是通过创意设计来促使产品制造、配套服务、品牌服务以及专卖商店等的联动，给消费者带来情感、审美、体验等方面愉悦的心理感受，从而有效提升产业链后端的价值。闻名世界的迪士尼公司就是一个典型的代表，通过采用"讲故事——系列人物形象"来吸引消费者，并因此获得了消费者的青睐。

（2）文化创意与农业的融合，主要体现在农业领域创意水平和设计水平的提升，同时也促进了农业与文化、科技、生态、旅游的融合

综观国内外农业发展发现，当今农业经济已不是单纯地局限于农业方面，而是在农业经济的基础上，结合了工业经济和知识经济这三种经济形态整合而成，它在发展理念上已和过去发生了巨大改变，产生了比如"新田园经济""绿色农业""生态农业""休闲农业"等。

（3）文化创意与旅游业的融合，有利于发掘旅游项目的文化内涵，打造极具魅力的旅游产品

在文化创意引领下，以旅游业为主导，整合其他相关产业，实现旅游业与文化创意之间的相互影响和相互驱动，形成多种新的旅游业态、旅游产品，通过旅游搬运效应，既能够带动旅游的综合消费，又能提升文化产业的附加值，延伸产

业链，拓展产业空间，真正实现产业之间的互融和共荣。文化创意与旅游业的有机结合，便是运用文化创意的手段来激活旅游资源的潜在价值，为旅游业注入更多的文化内涵，在促进文化创意产业蓬勃发展的同时，也助推旅游业的健康发展。

（4）文化创意与建筑业的融合，有助于改善人们的居住环境，提升城市整体的艺术水平、文化水平和人性化水平。

文化创意与建筑业的融合主要体现在以下三个方面：第一，建筑布局与文化创意的融合，有助于建筑与环境的协调以及最高效地利用土地；第二，建筑结构与文化创意的融合，有利于展现地方特色，提升建筑的文化内涵；第三，建筑材料与文化创意的融合，能够提升宜居性和舒适度，并使建筑与周边环境尽可能和谐。

此外，我们熟知的媒体、出版、广告、设计、建筑及表演艺术等多个领域都或多或少存在产业融合的现象。开放和创新的经济环境是文化创意产业发展的重要基础，因此文化创意产业中的创新活动总是活跃于一些高科技产业高度聚集的全球城市，从而促进全球各城市之间的交流和互动，实现城市联动发展的局面。

2. 产业集聚

纵观世界各国的发展实践，不难发现，当前文化创意产业的大趋势是集群化，即以大都市为中心的集聚区的形成。将不同地域的文化资源进行有效融合和发展需要集聚创意企业的竞争和叠加效应。通过在区域性范围内聚集不同行业来引领文化创意产业的未来走向。产业集聚是增强文化创意产业市场竞争力的重要组织形式，它具有降低交易成本、获得竞争优势、聚集经济效益的功能。

产业集聚通常会形成文创园区、文创集聚区、众创空间等。一些专家提出，文化创意产业集群的形成需要驱动力，而这驱动力来自优势因素的转化。比如，文化创意生产网络聚集能带来创意群落创新优势、集中效率与低成本等。还有一些专家则通过分析美国纽约的文化艺术产业发现：文化创意产业聚集的地区大多具有较强的创新性和原创性。这些地区要么在大城市内城，要么在城市边缘地区。一般其周边历史文化资源较为深厚，具有城市标志性建筑物，或者是工业遗产和旧时民居所在地。这些文化积淀为文化创意产业集群的发展奠定了基础。在文化创意产业集聚过程中，一些历史文化空间成为重要的生产资料和产业载体，使得新的消费空间在旧的生产空间中得以萌芽并茁壮成长。综合国外创意集聚区的发展，如美国好莱坞、英国伦敦西区、日本的动漫集群等，可以看出这些集聚区都普遍具有这样一些特点：首先，它们都有相对宽容的社会文化环境，并且得到了政府的大力支持；其次，它们还特别注重通过集聚效应来打造完善的文化创意产业链；最后，它们充分发挥区位优势，从而发展相关产业及支撑产业。

（四）城市转型模式

21世纪以来，经济全球化的快速推进、新科技的广泛应用以及资源和环境的巨大压力，促使世界范围内的各大城市开启了城市转型的热潮。[①]

首先，城市转型作为文化创意产业的一种重要发展模式，并非一个纯文化创意产业对城市转型的驱动，也并非城市转型对文化创意产业的单向推动，而是两者之间相互反馈，融合发展，形成共生共进的联合体。

20世纪90年代以来，文化创意产业是后工业社会中的城市型产业之一。发达国家迅速崛起，成为世界财富新的创造源泉。文化创意产业有效促进城市的复兴，对城市空间结构进行功能重塑，综合创新城市治理制度及政策，从而促进了城市转型。[②] 英国伯明翰、美国芝加哥、新加坡等全球先进城市，都曾在发展的过程中面临产业结构和城市功能的转型问题。文化创意产业作为城市转型的催化元素，从文化、社会、经济和空间等多方面推动着整个城市的转型。

在城市转型过程中，城市形象的转型、城市文脉的延续和城市功能的提升是文化创意产业发展的主要表现。首先，传统工业城市的一些老建筑、老厂房，通过文化创意产业的有效利用变成了具有文化内涵和历史底蕴的旅游胜地，从而改变了原本老旧、沉重的城市形象。其次，文化创意产业使蕴含丰富历史文化内涵的建筑遗产得以重新利用，并发挥新的价值，从而使城市文脉能够长久地延续下去。最后，文化创意产业的发展还会使城市功能发生改变，如德国的鲁尔区、英国的谢菲尔德等就是通过发展文化创意产业来为城市经济吸引更多的投资者与技术工人，从而改变资源型城市功能的典型案例。此外，在文化创意产业与城市的融合发展中还催生了创意城市、设计之都、时尚之都，如表2-1-1所示。

[①] 杨至理：《"设计之都"首尔城市创意产业与城市空间发展对北京创意产业的启示研究》，北京交通大学2015年硕士学位论文。
[②] 胡彬：《创意产业促进城市发展的内容与途径》，《城市问题》2007年第7期。

表 2-1-1　城市转型的三种形式及典型城市

城市转型的形式	典型城市
创意城市	纽约、伦敦、米兰等
设计之都	柏林、布宜诺斯艾利斯、蒙特利尔、名古屋等
时尚之都	巴黎、米兰、伦敦等

在经济全球化大环境中，创意城市和时尚设计之都均承接着促进产业转移和产业升级的作用。随着城市更新与创意产业的崛起，它们作为城市新形式应运而生。它是以消费文化与创意产业为基础，延伸到社会其他领域的一种城市发展模式；它融合了多种元素，比如艺术文化、科技与经济。创意产业具有高附加值性、高增值性、高创新性和强辐射力等特点。创意产业的崛起，使城市焕发出新的活力与竞争力，并以创意的方法解决城市发展中遇到的种种问题。

（五）资源活化模式

资源活化模式在实践中广泛存在，因而是文化创意产业发展的基本模式。一方面，历史文化资源、物质与非物质文化遗产以及工业遗产本身种类丰富、数量众多，可以通过创意将其转化为继续发展的动力；另一方面，各类社会文化资源与文化创意产业相融合也可以延伸出新的文化产品。

文物建筑、历史遗迹是静止的、沉默的，甚至很多历史文化是无形的，因此在历史文化资源、物质与非物质文化遗产以及工业遗产的开发中要将静止的、沉默的、无形的文化遗产变成可理解的、与现代生活相关联的，甚至是对消费者有吸引力的文化创意产品。这就需要对遗产文化进行活化，化无形为有形，使文化遗产变得可感知、可利用、可传承，并发挥其文化价值效益。

总的来说，资源活化模式主要包括四个部分：前提是要开阔资源新视野，看到废弃旧厂房、发电厂等工业遗迹的利用价值从而赋予新的用途；基础是要梳理资源新谱系，以便发现城市和国家的潜力，为资源的开发和利用打好基础；本质是要挖掘资源新内涵，从而让废弃的资源展现出不一样的光彩；关键是要找准资源新卖点，这对于资源的活化来说至关重要。

资源活化模式如图 2-1-2 所示。

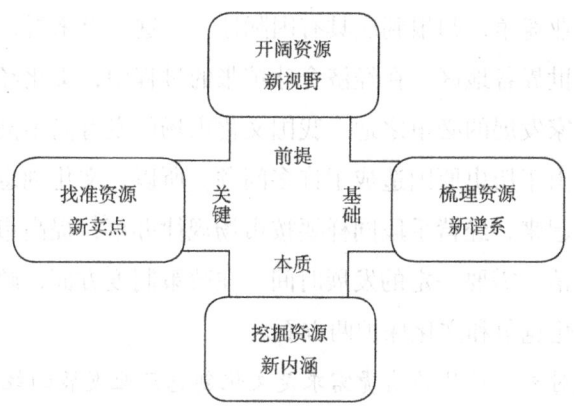

图 2-1-2 资源活化模式示意

二、文化创意产业的发展条件与规律

（一）文化创意产业的发展条件

在前面，我们已对文化创意产业的由来背景进行了说明，并在此基础上进行了分析，并探讨了发达国家文化创意产业的发展进程，下面我们来具体地分析文化创意产业的发展条件。

1. 市场化的交易平台和手段是文化创意产业发展的前提

首先，我们需理解市场化的真正含义。文化创意产业最主要的属性就是市场化。开发建设这一产业，其最终目标就是要促进经济发展并催生市场新增长点。创意产业具有高附加值性和高增值性等特点，所以创意产业发展在依赖政策扶持的同时，也要积极开发市场化交易平台与工具。当前我国的文化创意产业既有市场不够成熟的问题，也存在需求不够稳定以及产业链还不够完整等现实矛盾。我国的文化创意产业正处于有效需求快速增长的时期，其市场前景非常远大，具有诱人的经济效益，可以说是朝阳产业。从世界范围来看，文化创意产业与传统制造业之间有着密切而广泛的联系。正是因为两种产业的特性互补，更需要为文化创意产业提供方便的发展环境。比如，政府应在政策机制方面予以倾斜帮助，夯实高技术的基础建设，产业链之间做到互相衔接，形成市场化程度高的交易平台。

其次，企业可以通过完善、高效的市场交易大大减少交易成本。为了加快发展，文化创意产业必须按照市场化的机制有序进行。当今时代是经济全球化的时代，文化创意产业竞争，归根到底具有国际性。从这一点来看，发达国家文化创意产业已扩展至世界各地区。在经济全球扩张的过程中，文化经济扮演了重要角色，更是今后各家发展的必争之地。我国文化市场的发育尚不健全，缺乏规范管理的经验，同时由于历史原因造成了许多问题。所以，文化创意企业市场化经营意识一定要培养起来，经营手段同样要按市场规律办事，提高市场化程度。这不是一蹴而就的事情，需要一定的发展时间。在政策制度方面，政府要予以最大的扶持，兼顾市场化竞争和文化保护两方面。

2. 本国居民对文化产品的消费需求是文化创意产业发展的经济基础

我们要首先确立一个观点：文化创意产业的内在动力是居民文化产品消费能力。我国文化市场的发育尚不健全，规范管理的经验尚且不足，而文化产品是精神消费品，具有高收入弹性。文化产品市场潜力受到一国居民收入水平的高低和消费能力的大小的直接影响。在全球范围内，随着居民收入水平的不断提高，人们开始追求更高层次的精神生活，文化需求呈现多样化趋势。约翰·霍金斯是一位创意经济大师，他认为，在人均GDP（国内生产总值）为8000美元的情况下，社会中产业分工会有显著改变，创意产业所占份额会快速提升。联合国教科文组织的统计数据显示，一国国民收入与文化产品的消费量有密切的正相关关系，与该国文化产业竞争力也呈正相关关系。

其次，除国民收入总体水平外，收入呈何种分布也需要我们注意。因为这种因素决定着文化产品消费群体的层次与构成。另外，那些蕴含着不同艺术层次的文化产品也影响着消费群体的消费能力。目前我国国民收入平均水平仍然偏低。对于文化产品，尤其是高档次的产品，国民消费能力仍然很不足。城乡居民在收入上存在着很大差异。从全国范围内来看，城市居民的收入大大多于农民，西部地区的居民也比东部居民的收入水平低很多，所以东部城市比西部和农村对文化产品要求高得多。

最后，我国经济随着改革开放有了很大的发展与提升。人民群众对于精神文化要求越来越高，亟须发展文化创意产业、扩大市场的消费空间，而收入差距拉大，也会造成文化产品市场流动失衡，在很大程度上制约着文化创意产业向良性发展。因此，千方百计增加国民收入，努力公平分配收入，才能有效地刺激文化产品的消费需求，拉动文化产品的创作和生产，产业链的发展也才能流畅。

3. 科学技术水平是文化创意产业发展的支撑要素

世界范围内文化创意产业的发展，离不开现代科技的推动作用。

第一，人民生活水平与生活质量的提高都依托于现代科技的高速发展。物质需求得到满足之后，必然会产生更多的精神性消费需求。其中就有快乐体验的消费需求。

第二，在信息科技发展的基础上，大力发展文化产业化。主要体现在大众传媒技术的普及上。大众传播是一种以现代通信网络为主要媒介的社会生活方式。一方面，信息技术为文化能够实现产业化提供了工具；另一方面，大众传媒的兴起带动了一波大众化文化消费，推动、激发文化向产业化发展。

第三，针对高度个性化文化创意产业方面。首先，它要求文化资源的多样性与文化想象力的丰富性。其次，它又对现代电子信息技术手段有很强的依赖性，仅存在于虚拟空间中，才能真正相对自由地达到"没有不可能的事，只有你想不到的事"的个性化高级境界。推广虚拟技术，恰好契合了消费个性化时代，真正做到三位一体，即个人的生产、交流和消费的有效衔接。

从中不难发现，为什么胡戈的一部视频《一个馒头引发的血案》会在网络上掀起前所未有的狂潮。在这之前，人们往往更多关注的是作品本身对社会的影响和意义。相似事例还有不少，比如《超级女声》的现象级爆火，网络游戏创造了一个个传奇故事，网络歌曲所产生的大量经济价值等。可以说，这一切无不是与高科技密不可分。在那些似乎是靠内容制胜的案例里，事实上，这背后的成功是与技术的进步密不可分的。

4. 健全的知识产权保护是文化创意产业发展的重要保障

首先，文化创意产业以创新为核心。创造力是文化产业发展的基础，而知识产权所保护的是创新成果。文化创意产业发展离不开知识产权的支撑，这是因为文化创意产业是一个高度复杂的系统。我们深知文化创意产业的出路，是文化创意向知识产权的转化，最终创造了财富。因此，要想使我国的文化创意产业能够健康快速地发展，首先需要完善相关的知识产权制度体系。与科技新产品相比，创意产品的外在表现形式通常更为强人，唯一的不足是非常容易被他人模仿。因此，如果知识产权保障不到位，原创人员在创新过程中做出的巨大投入，如研究、设计、生产和其他活动中耗费的人力物力就很难收回，甚至可能是血本无归。所以，文化创意产业一旦形成自己独特的商业模式和盈利模式后，就可能成为一个垄断性产业。长此以往文化创意产业的发展将受到严重阻碍。

当前，相对于其他发达国家，我国对知识产权的关注远远不够。盗版现象非常严重，最泛滥的就是音像业和软件业。政府相关部门如果不及时控制，会严重降低技术人员的创新积极性。在这之前，人们往往更多关注的是作品本身对社会的影响和意义。所以，我国应进一步强化知识的创新，保护文化创新与技术创新等，完善有关政策，推动文化创意产业蓬勃发展。

（二）文化创意产业的发展规律

1. 文化创意产业发展的规律——从时间存在的角度

首先，就像之前其他行业的诞生历程，文化创意产业作为一个崭新的行业，同时又是社会分工不断加深的结果。创意最初出现于工业领域。工业化时代，创意附属于其他行业，仅服务于各自的企业。随着社会生产力水平的不断提高，创意作为一种新技术、新工艺被引入生产活动之中。在随后的知识经济时代，人们逐步提高了知识对生产的作用与影响。直到最后，知识成为经济发展最重要的动力。在这个阶段，创意开始向其他产业渗透，并逐步取代了原来作为一种辅助因素存在的产业——制造业。在此潮流中，创意在产业链中所处的位置越来越靠前和所产生的价值越来越大，人们的目标是提高效率、脱离特定行业的桎梏。最后发现，要实现这个目标必须脱离原来的行业，这一剥离产生规模效应时，便成了一个独立行业，作为第三方进行专业化服务。

其次，文化创意产业与其他行业发展周期规律相同，其发展同样要经过生成、壮大的过程和阶段。文化创意产业具有明显的周期性特征，即随着社会经济环境变化，文化创意产业会发生阶段性变化。但是不同的是，文化创意产业并没有衰退期，这是因为文化创意产业是一种创新精神驱动型经济模式。在创意的基础之上，文化创意产业才得以建立，人才与文化是知识密集型产业的核心因素。同时人的思维和文化底蕴是无穷的，因此，只要人的思维还处于活跃状态，文化创意产业就能得到持续的发展，做到定期发布全新的创意产品。

2. 文化创意产业发展的规律——从空间聚集的角度

首先，我们发现，世界各国的文化创意产业及相关行业普遍聚集在大城市。

其中不乏各国首都，因为这些地区是文化资源最丰富和经济实力最强的地方，如罗马、东京、纽约、巴黎、伦敦、柏林等。这些城市往往拥有发达的文化产业和先进的科技力量。之所以选择这些城市成为文化创意产业聚集地，并不是出于各国的协商规划。事实上，选择文化创意产业基地的基础条件是该城市是否拥有深厚的历史文化积淀。文化创意产业作为一种新兴产业，其成长与经济增长有着密切的联系。文化创意产业集聚这一现象，也在一定程度上揭示了文化创意产业本身发展的规律。

第一，基于人类创造力及其与技术经济和文化的融合，文化创意产业得以发展壮大。在全球范围内，创意产业已经成为一个新的增长亮点，是未来社会经济的核心增长点。比如数字艺术产业的核心是数字媒体的内容设计与生产，涉及电脑动画、影视特效、网络应用、游戏娱乐、广告设计等多个方面。另外，创意产业也是一个国家综合国力的体现，因为创意产业的产生需要有大量人才做后盾。但并非所有这几个方面的创意产业都能够得到成功开发，假如艺术家缺乏创造力，企业家对创造激励不足，创意产业也不可能成形。

第二，文化创意产业一般根植于创新城市。也就是说，不仅要具备包括公共服务、电信、运输在内的效率基础结构，而且要具备包括优等大学、风险投资、知识产权保护法以及引进人才的优势环境的创意基础结构。

第三，一个人或一个企业的行为并不能代表整个文化创意产业的发展，而集群环境要求在地理上聚集文化企业、非营利机构以及个体艺术家，产生集体互动。这样才能形成得天独厚的集群发展环境。文化企业、艺术团体在这里聚集起来，创造了一种新的社会经济现象，即文化创意产业集群。文化创意产业集群具有创意人群居住与劳动相结合的特点，在文化创意产业集群中推动文化产品的生产与消费，打造多样化轻松的氛围。体现当地特有的人文特征，这种人文特征在世界各地都是密切相连的。文化创意产业的集群发展环境对创意人群有着特殊的吸引力，它使创意人员能在特定的地域内找到合适的岗位，从而实现自身价值和社会价值。根据文化创意产业这种群聚特征，政府及有关非政府机构应就创意人员的区位需求进行深层考虑，比如考虑他们喜欢在哪种环境下工作和居住，针对创意人群不同位置的需求，开设不同的专业培训教育机构，为高端人才提供多样化市场需求信息服务。

三、文化创意产业发展的关键理论

（一）截层理论

截层，顾名思义，就是将层次截开。生活中的截层现象非常普遍。例如，在发型的剪法上，截层式剪法使得头发呈现出流线、飘逸、更加动感，手法简单但效果非常理想。但是从经济学的角度来看，截层远不止于此。因为每一个产业系统的产业链都不相同，即便经济增长的因素覆盖范围广泛、非常发散，要真正把行业截断，是非常难的。除了客观原因外，外在环境约束比如环境条件非理想等，也是主要障碍之一。因为这些地区是文化资源最丰富和经济实力最强的地方。"截层因子"不但要有一定的流动性，也要能够快速地把被截行业融合起来。但在现代文化和科技迅猛发展的今天，创意本身所具有的性质使行业的创意化成为现实。

我们都知道，产业创意化是文化创意产业生成路径。也就是将创意元素融入传统产业中，以及加大创意对传统产业上的支持，将创意提升到文化创意产业的高度。这种方式是由产业革命后生产力水平低下而引发的产业分化与组合过程中所孕育出来的一种新的经济形态，具有不同于传统制造业和服务业的特性。纵观各个行业历史发展，社会大分工产生以前，单独的某个行业也许并没有诞生，但在客观上，它的雏形已经形成了。条件一旦成熟，各个产业就向独立方向发展。在现代经济社会中，随着经济全球化趋势的加强，各国之间的竞争已经转化为国家综合竞争力的较量，而文化创意产业作为一种新型的产业形态正在全球兴起。

另外，实际上在很多经济活动当中可以看出来文化创意产业的本质部分为第三产业。可以说文化创意产业其实就是由传统产业的雏形，通过增加创意这一元素，渐渐地相对独立发展，并且最后形成了产业部门。当前多数国家或地区将其归入文化创意产业，其主体门类先于消费社会与知识经济成形前就已相对成熟，只不过之前缺少显现它们创意共性的机会，因此它们藏身于所有传统行业中，相对独立，不存在直接关联。随着经济和社会的高速发展，消费社会与知识经济合力协作，使原来藏在传统产业"创意部分"里的创意特性得以彰显。在这一背景下，创意产业成为一种新的产业部门而迅速崛起。创意因素在经济发展中被日益吸纳。

基于不同国家或地区的需求，文化创意产业为它们提供了经济转型和重组的契机。因此各个国家或地区都对文化创意产业相当关注，它们致力于提炼创意成分，重新组合，将其打造成名副其实的文化创意产业。纵向发展模式是传统产业发展经常采用的模式。文化创意产业与传统产业相比，明显是采取了横向发展模式。本书以创意经济为背景，分析了文化创意产业纵向和横向发展所面临的问题，提出了一种新的思路——"截层式"思维方式。文化创意产业渗透性强，突破了传统产业的桎梏，通过传统产业间创意元素的运用，综合各行业之间的各种资源，形成了不同的行业。利用各方面的通力协作，将本来纵向发展的各传统产业，进行了横向切面界定，形成独立的截层，这也是截层理论命名的起源。

当前全社会分工程度较低，尚未使文化创意产业这一截层彻底独立。从统计数据上来看，文化创意产业同其他行业还没有彻底分开。但是，文化创意产业这一构件的确已在其他产业领域内客观存在，并且对传统的产业进行了提升改良。

总的来说，大部分传统的行业都是处于不断的发展之中。人们尽力把创意元素融入制作生产的流程当中，是为了增加自己的附加值和延长生命周期。创意元素的引入，不仅提高了产业本身的技术含量和产品附加值，而且还能够使企业获得更加广阔的市场空间。创意元素大多具有高渗透性，能让不同传统产业更加密切合作，产业之间相辅相成、互利互惠，使各行业增加值和创造能力持续增强，并且开发了许多新的领域。文化创意产业就是新领域之一。传统产业的提升使文化创意产业以一个完整的面貌呈现于行业之中。在这一背景下，文化创意产业开始与其他行业进行融合。文化创意产业这一渗透作用，使文化创意产业能够吸纳各个行业的优质元素，实现合作共赢，包括工业、农业以及第三产业都可能成为文化创意产业的发展来源。

（二）引信理论

引信，又称信管，是装在炮弹、炸弹、地雷等上的一种引爆装置。首先，就工程理论而言，引信既使用目标信息，又使用环境信息，是一种控制装置或系统。在预定情况下，用于起爆或点燃弹药战斗部的装药。就经济学而言，引信理论涉及经济理念物化问题，引信就是一种经济理念，在特定环境中引爆之后，会释放出大量能量，由此拉动相关系列产业。创意元素的引入，不仅提高了产业本身的技术含量和产品附加值，而且还能够使企业获得更加广阔的市场空间。就文化创意产业而言，创意是一个引信，文化创意的产业化如同引信爆发形成的拉动能量。

另外，就文化创意产业化路径而言，创意一旦萌发，然后在资本和其他因素的助力下，进入产业化运作模式，派生出来的产业链或者是产业丛，最后形成了一个完整的上下游产业。在这一过程中，拥有了一定的从业群体和营销渠道，其利润分配方式以及其他产业组织形态都比较成熟完备了。以日本动漫产业为例，以漫画为起点，开发出卡通电影，进而打造了具有吸引力的卡通形象，随即衍生出周边产品制造销售行业，接着建造了主题公园，又派生了许多广告娱乐产品。

又如我国的传媒巨商——光线传媒，从1998年的10万元开始民间电视节目内容制作旅程，到现今的营业收入以亿元计，何以短短十年时间就取得如此惊人的发展？其中的关键是创意的产业化。

还有一点需要我们清楚，光线传媒并没有占用频道资源，只是将节目内容提供给电视频道的所有者，以此来换取对应广告时长，收取广告利润。所以说盈利的核心在于创意，在于节目内容的创意化。而光线传媒有着自己的产业路径，总共有六大环节：前期节目策划、制作与包装，中期发行和广告，到了后期主要是开发节目产品。在整个流程中，每一个环节都需要严格按照相关规定进行操作。各个环节的把控均由专业人士负责，保证它正确运行，不会影响到下一个链条的正常进行。那么，作为娱乐节目制作者，该如何把握好这个重要环节呢？节目制作者可以对娱乐节目产品采取制造工业产品的方式，用流水线式生产方式，确保创意在生产、实施、回报整个流程中都能顺利实行，创意的产业化组织形态相当完备。

从上述两个例子中我们发现，创意就像炸弹的引信一样，其造型虽小，却能引发释放产业的巨大能量。创意不仅可以创造财富、扩大就业，而且可以涵养消费者，改善人民生活质量，最重要的是可以提升社会的消费结构。在整个流程中，每一个环节都需要严格按照相关规定进行操作。整个产业链中存在很多关键节点，都是由于各种创意想法经过引信作用而不断引申而来的，这就是文化创意产业的引信理论。

在社会分工不断深入的今天，文化创意产业已经不限于作为一种要素在其他行业中生存。随着时代和经济的发展，在市场上专门进行创意生产与交易的经济组织将应运而生，逐步发挥文化创意产业的真正功能。在这一过程中，创意因素逐渐成为推动文化产业快速健康发展的主要力量，而这种力量也是与现代工业化相结合的产物。创意因素借助产业化发展途径，产生工业化生产达不到的社会经济效益。创意产业是一种全新的产业部门，在发达国家已经成为国民经济新增长点，并正在向全球扩展。其具有高社会化程度、低成本、广泛的涉及面等特点，填补了一般工业化生产中的缺陷，拓展了独立的发展空间。

文化创意产业诞生的两个发展关键理论是截层理论和引信理论。就其实质而言，这两种理论方式是统一的。创意作为一种新的经济现象，其核心就是把人的创造性思维转化为物质形态的产品，即形成了创意的产业化。在微观上，创意实现产业化主要是体现在创意是怎样由一个要素向特定产业和产业链演变的，然后在一个大范围内对行业创意化进行研究，综合传统产业诸多领域，阐述创意元素的生存状态和发展环境，进而产生较大增加值，促进传统产业诸多环节的转型与提升。因此，在经济全球化背景下，文化创意产业与传统产业的结合也就成为必然。二者看问题的视角和出发点虽不相同，但本质一样。

最后，文化创意产业自身主要依靠传统产业的发展，在传统产业本身特点的基础上，改造传统产业达到产业高度的提升。文化创意产业的产生是对传统经济形态下产业结构升级进行调整，从而推动整个国民经济水平提高的结果。在这个进程中，文化创意产业也在不断地发展壮大，并且文化创意产业本身也发展成为一个独立产业部门。所以从整体进程上来看，不可避免地要与传统产业互通，并基于二者不同视角，截层理论与引信理论应运而生。截层理论是一种静态的、相对静止的理论，引信理论则是对其进行动态调整的方法。因此，这两种理论是描述文化创意产业发展的不同理论，二者均为阐述文化创意产业与传统产业相互作用，共同促进了整个产业的高度与品质。

（三）长尾理论

1. 长尾理论的内涵

首先，美国人克里斯·安德森首先提出的长尾理论是网络时代新兴的理论。长尾理论认为，人们做事情都会考虑成本、效率等因素的影响。以前，人们更加关注重要的人和重要的事，不可避免地会忽略一些不突出的细节。若以正态分布曲线刻画这些人和事，我们的视线大多会聚焦在曲线的头部，而曲线尾部要想受到关注需要付出较大努力与代价，最终导致多数人都会忽略事物的关键细节。以推销商品为例，销售人员把注意力集中在所谓的"VIP"（贵宾）顾客身上，但是这些"VIP"顾客是极少数的，而对应的消费群体中占大多数的普通消费者却被销售厂商所忽略，这是极不明智的销售策略。当今时代是大数据时代，互联网技术被广泛运用，这大大缩减了关注的成本，人们完全可以用极低的代价注意到正态分布曲线尾部的存在。注重尾部之后可能带来的整体效益，甚至比注重头部更多。在这样的条件下，长尾理论就成为商家们最有效的营销理论。当今时代恰恰是以长尾理论为中心，开发长尾利益的年代。

其次，通俗地说，长尾理论就是指商品在储存流通展示时，具备充足广阔的场地、渠道，锐减商品生产成本，最好实现个人也能生产。在商品的销售成本大幅缩减时，过去看似需求很低的商品只要有销路就有人购买。也就是说，在整个社会经济生活中，人们对商品的消费需求并不是一个固定不变的数量关系，而是具有明显差异性的多个不同层次的需求。这些需求不高、销售不畅的产品在共同的市场上是占有一定比例的，在特殊的情况下，这些需求很低的商品所占比例可与主流产品所占市场份额相比较。对于这种现象，长尾理论就是一个很好的解释。商业与文化的前景，并不是传统需求曲线中那代表着畅销商品的头部，而是那代表着冷门商品常常被人们忽视的尾部。以一家大型书店为例，店内通常可摆放10万本书。然而，通过对亚马逊网络书店图书销售额的分析，销售额的¼都是由排名在实体书店10万本以后的书贡献的。这类冷门图书销售比重正在快速上升，据估计，将来能在整个书市中占据半壁江山。在过去十年里，网络零售已经从一种新兴的购物模式转变为一个重要的商业形态。意思是说，消费者面临着无穷尽的抉择、想要的商品与获取的渠道都已经发生了明显改变时，随之兴起的是一套全新的商业模式。

2. 长尾中的文化创意产业发展

在现代商业领域中，已基本构成稳定的格局，即强者恒强，弱者恒弱，竞争态势十分激烈，市场门槛有了很大的提高，从中寻找商机比以前困难很多。在此背景下，想要寻找商机，长尾理论是首选的思路方法。

文化创意企业具有很多明显不同于传统企业的特征，比如个体化、扁平化、小型化，也正是由于这些特征才使得文化创意企业的发展更加灵活，方便创新。对文化创意产业来说，灵活化的特征是最重要的。一般来说，小型设计公司人数在几十人左右，甚至只有几个人组成一个小的工作室。"小部分大企业和大部分小企业"已成为一种商业现状。在这种情况下，文化创意产品的开发就必须考虑到长尾理论。小企业在当代复杂商业环境下，在激烈竞争的文化创意市场中寻求发展空间，必须要在长尾理论中寻找创新机会。

  现在文化创意产业发展已随处可见。创意在长尾市场发挥着重要的功能，销售者想在长尾理论上得到比头部市场更多的收益，创意是必不可少的要素。

  长尾理论具有很多成功事例。以搜索引擎广告提供商阿里妈妈为例，当时阿里妈妈作为阿里巴巴旗下成立不到一年时间的公司，初始规模很小，但它在网络的长尾中充分发挥自己的创意，在每一个小网站上利用创意吸引数量不同的人群，然后依靠众多中小网站快速做大，同时将众多网站流量进行有效聚合，集聚人群，扩大网络覆盖率。这也启示中小型的文化创意企业，别出心裁是在长尾市场上取得成功的必要元素。消费者与商家往往都会被创新想法深深吸引并给予充分的重视，只有在创意方面下功夫，才能在曲线尾部获取巨大收益。可以说，创意在销售与消费方面具有强大的潜力。在网络上营销在最开始也是一个创新想法，这个创意萌生之后，消费者与生产者挣脱了时间与地域的限制，可以随时取得联系，方便商品的咨询、销售与售后。于是，新市场网络上出现了相互作用，消费者与生产者之间是紧密联系的，最终延长了长尾效应，获得了巨大收益。

  另外，我们需要明白，千篇一律的产品是不可能实现盈利的，也谈不上从长尾效应上盈利。长尾理论认为，长尾是一种特殊的市场形势，是指那些与企业规模和市场份额相关的、对用户产生较大影响的信息来源。长尾本身也是过去被忽视的东西，商品需要更具吸引力，才能吸引更多消费者打开钱包，从而实现经济收益。文化创意产业中的中小企业，要想在长尾中生存、获利，就必须使得自己的创意更加创新。这种创意不单单表现在创意产品本身的设计上，在文化创意经营的种种环节中也必须如此，以创意取胜已经成为当下产品竞争、企业竞争的关键。

  从产业发展的宏观角度来说，长尾的创意开发对于文化创意产业的发展至关重要。数字娱乐业的成功就是一个好的例子。在市场接近饱和或者说主流市场的进入空间非常小时，换一个方法，换一种传播或营销渠道，就是一种创意，就有可能获得成功。特别是在网络时代，生产、传播、消费渠道的数字化将创意的盈利可能性增大，小企业甚至是单个人只要有创意，条件成熟后一样可以获得发展。这对于以创意为核心的文化创意产业来说，无异于一场久旱之后的春雨。

从某种意义上来说，长尾理论可视为文化创意产业的阶段性概括。从这个意义上看，长尾理论的出现无疑为文化创意产业的未来指明了方向。也许，这些理论未必适合所有的文化创意产业，但是，特殊的发展阶段具有特定的发展环境，起码从一定角度上看，长尾理论的确为理解文化创意产业提供了不同的视角。长尾理论的出现，为我们研究文化创意产业的新模式、新策略带来了新的思考方向。运用长尾理论发展文化创意产业，也正是运用总结出来的经验，才能更好地发展我国文化创意产业，两者相互促进。因此，关注长尾理论，注重研究长尾并创造出新的创意，应该成为文化创意企业研究的重点。

第二节　我国文化创意产业发展现状

现在我国的文化创意产业得到了快速的发展。然而，我国虽然是世界上的文化大国，但是与世界文化创意产业强国相比较，还存在着不小的差距。从这个意义上看，长尾理论的出现无疑为文化创意产业的未来指明了方向。相关学者对我国文化创意产业的发展现状进行剖析，发现了当前我国文化创意产业发展中存在的一些问题，他们有针对性地寻求国外文化创意产业的发展经验，为中国文化创意产业未来的发展做出贡献。

一、我国文化创意产业近年产业规模与经济贡献

了解我国文化创意产业现状是推动中国文化创意产业发展的必要前提。从宏观角度来看我国当前文化创意产业的基本情况，可以重点观察研究文化创意产业市场规模和文化创意产业对经济的贡献率。尽管中国文化创意产业起步晚，但是由于政府政策的大力扶持，中国文化创意产业市场规模越来越大。经核算，2021年全国文化及相关产业增加值为52385亿元，比上年增长16.6%（未扣除价格因

素），占国内生产总值的比重为 4.56%，比上年提高 0.13 个百分点。但是从总体来看，虽然中国文化创意产业每年都在为经济做出贡献，但与世界文化创意产业经济贡献率的平均水平相比还有一定的差距。因此，提高文化产业在国民经济中的比重和水平是一个非常紧迫且重要的任务。按照国际惯例，产业对经济贡献率大于其比重者，方可称之为支柱性产业。因此，我国应加大对文化产业投入力度和政策扶持力度，以提高其在国民经济中的地位和作用。当前我国的文化创意产业的经济贡献率刚刚达到 5%。在此情况下，文化创意产业还未完全形成规模效应和品牌效应，文化创意产品也尚未形成品牌竞争力，因此，其市场影响力较小。这说明当前文化创意产业虽已成为支柱性产业，但是，发展空间依然很大，我们还需要继续努力。

二、我国文化创意产业的生态环境

我们以文化创意产业的生态系统理论为依据，对中国文化创意产业外部环境、内部生态环境与整合情况进行梳理，利用有关指标对其分析评价，为讨论产业发展中出现的一些问题提供讨论的依据。

（一）我国文化创意产业的外部环境

1. 政策环境

首先，中国政府非常重视文化创意产业发展，把文化创意产业发展提升到国家战略高度，制定了完备的战略发展规划。近年来随着文化产业政策体系建设的推进和完善，以及文化产业自身的快速发展，文化创意产业政策在促进文化创新和经济转型升级方面发挥着越来越重要的作用。当前，中国文化创意产业的政策体系已经初步建成，形成了覆盖行业的宏观政策。另外，这几年文化创意产业的产业发展政策不断完善，也使文化创意产业政策体系变得更为立体。

其次，从管理机构的设置来看，文化和旅游部直接负责中国文化创意产业，根据功能设置不同的产业公司和有关的组织机构，形成了以文化和旅游部牵头、由地方文资办和行业协会等有关组织机构联合构成文化创意产业经营布局。从行业发展来看，文化和旅游两大部门都有各自的政策支持体系，但目前国内还缺少专门的文化创意产业管理机构。

2. 法律环境

目前，中国文化创意产业的法律制度逐步完善。立法内容基本上覆盖了与文化创意产业有关的立法需求，推出了行业细分立法，使中国文化创意产业法律体系有了更深层次的立法层次。在知识产权保护和管理方面，主要针对互联网领域进行专门立法，但仍需进一步加强对传统文化产业的支持。关于公民知识产权便民服务平台的构建问题，通过专家学者和中介企业，为广大人民群众提供知识产权服务。通过设立专门部门对文化创意产品进行监督管理等方式，为公众提供良好的监督环境和便捷的维权渠道。关于法律的遵守和实施问题，公众对知识产权保护意识有所加强，然而近年来侵权现象时有发生，抄袭现象泛滥不止。例如，我们的国产动画电影《汽车总动员》在2013年被指责抄袭了皮克斯的动画电影《赛车总动员》，国内影片《机甲战神孙悟空》被西方人认为抄袭了漫威《钢铁侠》。因此，法律执法力度和公众的知识产权保护意识有待提升。

3. 文化环境

首先，在文化资源方面，我们国家的文化资源十分丰富，具备了发展文化创意产业的文化基础。其中有许多遗产都是人类智慧与劳动创造的结晶，也可以说是人类共同的精神财富。我国是一个文化资源十分丰富的民族，人文历史源远流长，涵盖范围十分广泛，包含武术、神话传说、传统节日、文学、传统音乐、民间工艺、地域文化、衣冠服饰、中医、诸子百家、古建筑、琴棋书画、戏曲等内容，可谓是文化遗产宝库。我国文化遗产总量居世界领先地位。

其次，从整体来看，我们国家对文化遗产的保护是循序渐进的。保护的内容基本上涵盖了物质文化遗产和非物质文化遗产两个方面，文化保护机构上至中央，下至地方。保护主体包括政府、公共媒体、专家学者、民间文化爱好者和艺术家以及社会公众几大群体，保护措施渐趋多样化。政府对我国的文化资源进行保护，出台了一系列文化遗产保护法律法规，建立了不同层次的非物质文化遗产保护组织，积极申报非物质文化遗产。民间文化工作者积极参与传统技艺传承人评选和展演，并积极组织各种形式的民间传统文化实践活动，促进了民族地区传统文化产业发展。公共媒体借助影视、音乐以及综艺节目来宣传文化遗产保护这一重要思想，比如央视的"中华之光"系列报道。这些措施促进了我国文化产业的发展，提高了公众的参与度，增强了民众的自豪感和归属感。专家学者助力产业立法和传播，这也是民间文化爱好者和艺术家们一直在研究的问题。他们不断深化对传统文化的认识，锻炼文化内涵，创造优秀的文化创意作品。比如，文化传承者借助高超技艺，在选秀节目中大放光彩。还有的充分开发乡村文化创意，这些都是促进我国传统村落旅游发展的有利因素，有利于实现经济和社会可持续发展。

最后，文化创意产业的公共基础设施建设渐趋完善。截至2021年底，全国共有广播电视播出机构2542个，公共图书馆3215个，文化馆3316个，博物馆6183个，乡镇（街道）文化站4万多个，村级综合性文化服务中心57万个，农家书屋58万家。到目前为止，我国实现了所有公共图书馆、文化馆、美术馆、综合文化站和大部分博物馆免费开放。2021年，全国公共图书馆实际持证的读者达到了1.03亿人，群众文化机构服务人次8亿多，全国博物馆举办展览36000场，教育活动32万场，接待观众近8亿人次，相关网站网络的浏览量41亿人次。

（二）我国文化创意产业的内部生态环境

1. 文化创意产业内部行业情况

首先，从产业链结构上看，国内多数文化创意产业链还不够完备，相关衍生品发展不充分，开发速度落后于产品的扩散与传播。出版业中图书和音像制品的销售占到了整个文化产业销售额的一半以上，但图书和音像制品的衍生产品却寥寥无几，更不用说文化艺术衍生品了。我们电影业的衍生品尚处于初级层次，相关高端衍生品寥寥无几，还缺少电影题材大型文化创意体验设施。以上这些问题致使文化创意产业体验项目中的收益微乎其微，而电视剧行业形成延伸的衍生品产业链情况复杂，不可一概而论。

其次，从产业经营模式上看，多元化是我国的产业商业模式的未来走向。同时，文化创意产业也呈现出以产业链整合为特征的发展趋势，包括上下游融合式的商业模式以及以平台化战略为代表的新型商业模式。比如采用付费广告和电商衍生等方式，多元化商业模式的发展趋势初露端倪。文化旅游产业链不健全，文化资源开发程度不高，没有形成完整的产业链。中国文化创意产业商业营销模式尚处于创新初级阶段，需要不断探索。一些产业缺少成熟的商业化运作模式，比如动漫企业的原画创作、产品制作、版权交易及其他环节商业化运营手段的缺失，营销网络与终端销售能力较弱。尽管文化创意产业园区的数量很多，但盈利模式简单，园区缺乏自盈利能力。

2. 文化创意产业核心发展因素

（1）人才方面

第一，从业人员占总就业人员规模。据《中华人民共和国文化和旅游部2021年文化和旅游发展统计公报》显示，截至2021年末，纳入统计范围的全国各类文化和旅游单位32.46万个，从业人员484.41万人，较之过去几年有显著提升。①

第二，人才结构。有一些学者也指出，结构失衡的问题依然比较严重。中高级人才所占的比例不大，尤其是缺乏创新型人才、经营管理型高级人才。人力资本存量不足，尤其是高端智力资源供给严重不足，造成了人才流失现象比较严重。就图书出版业而言，缺乏复合型人才，因为图书行业的特点是学科众多、领域行业涵盖范围广泛，单一型人才无法满足需求。而且编辑类专业毕业生人数占比偏低且分布不均，出版行业人才流失比较严重。另外，就动漫产业而言，中间生产人员比较富余，缺乏的是前期的创意人员和后期的策划运营，比如美术设计、编导造型等人才都比较匮乏。这些问题均表明目前我国文化创意产业中人才结构性矛盾依然突出，尤其是高层次人才严重不足，这对文化产业的进一步健康发展造成了较大影响。还有在人才培养体系与管理机制方面，近年来，我国在培养方法上一直在开拓创新。比如，部分大学赶上了国家大力发展文化创意产业这一趋势，增加了有关文化创意产业的课程。此外还设立了专门针对文化创意产业人才培训机构，但目前还缺乏健全的人才培养体系，主要表现为师资力量的不足，在教学内容上无法形成很好的配套服务，也没有很好的沟通和就业平台等。

（2）技术方面

首先，我国对科技要素的投入十分关注，取得了信息技术突破创新的诸多成果。例如，强化国家文化创新工程项目，使科技要素为中国的文化创意产业提供更好的服务。目前，在我国经济转型升级以及"一带一路"倡议下，文化产业成为推动区域经济社会可持续发展重要力量。互联网、新媒体和其他技术的广泛运用，增加了我国文化创意产业中的技术类型，科技含量越来越高，大大推动了文化创意产品在中国的开发与传播。

---

① 中华人民共和国文化和旅游部：《中华人民共和国文化和旅游部2021年文化和旅游发展统计公报》(https://zwgk.mct.gov.cn/zfxxgkml/tjxx/202206/t20220629_934328.html)。

其次，在中国文化创意产业技术蓬勃发展之际，亦有不足之处。中国文化科技理论体系的构建尚不完善，文化科技领域创新能力不强，核心关键技术突破能力也不够强，缺乏文化科技的复合型人才。以上这些问题，对中国文化和科技创新构成了掣肘。

（3）产品方面

一是我们的文化创意产品在内容方面种类更多元化，类型比较丰富。其中，电影是最重要的门类之一，而其也取得了令人瞩目的成就。近几年势头最强劲的电影业制作了不少优秀的作品，口碑和票房双丰收，比如《大鱼海棠》和《白蛇：缘起》等国产动漫，以及其他许多叙事风格迥异的影片。

二是文化内涵优秀的著作越来越多，比如唯美的古风歌曲和文化细节精准的古装影视。在娱乐业甚至建筑业，文化内涵越来越丰富，像是古诗词、民族民俗等元素已被合理开发和利用，根植于音乐业、影视业等领域。

三是国内原创类的文化创意产品越来越多，如我们国家的原创文化节目《中国诗词大会》《中国汉字听写大会》，不但宣传了我国优秀传统文化，还获得了很高的国民关注度。

总的来说，多元化是我国文化创意产品表现方式的大趋向。很多综艺节目都发展了文化节目、情景剧的表现方式。例如，《快乐汉语》第一次以情景剧方式出现，在国内文化类综艺节目的表现形式方面取得了一定的创新等。目前，在我国经济转型升级以及"一带一路"倡议下，文化产业成为推动区域经济社会可持续发展重要力量。然而我国文化创意产品中文化元素反映不足，已有的文化创意产品使用情况和所发展文化元素类型，与我国文化资源的丰富总量相比较，远未让庞大的文化资源库完全开发。

（三）我国文化创意产业融合情况

今天正是中国文化创意产业技术蓬勃发展之际，近年来制约中国文化和科技创新的因素也是层出不穷，而产业融合已逐步成为我国文化创意产业新的发展趋势，我国十分强调文化创意产业种群间的合作与共赢。

首先，整合中国文化创意产业内部比较困难，因为各产业类型较为多元。在我国，已形成了程度不一的新型关联发展格局。例如，我国的旅游业与餐饮业相结合，形成了具有特色的餐饮旅游文化产业。餐饮业和出版业相结合，比如咖啡厅和图书阅读区相结合的新型营销方式，吸引着包括文艺青年在内更为年轻的消费群体。出版业同电影业结合，产生了"影视出版"这一新型业态。文化创意产品在表现形式上的多元化主要体现在现代技术表现手段和文化艺术的交融方面。

其次，中国文化创意产业与第一产业和第二产业之间存在渗透关系，这种渗透力度很强，相关部门对此非常重视。比如文化创意产业通过在农业中注入文化、科技等元素对传统农业进行了渗透和整合，拓展了农业种植和养殖的产业链，另外在生产加工与创意休闲旅游方面做了延伸，最终实现了农业现代化。文化创意产业在第三产业中的地位越来越重要，其作用日益凸显，成为国民经济增长的主要驱动力之一。这说明文化创意产业内的行业关联以及与其他行业的融合效果并不明显。有关数据显示，我国体育业和文艺演出等多个产业与其他行业关联度不大于20%，可见其产业关联度不高。

三、我国文化创意产业发展存在的问题

（一）政策法律环境有待改善

首先，作为我国新兴的产业，文化创意产业在发展初期，政府的支持是必要的。但就目前阶段的发展规模和速度而言，中国文化创意产业快速成长与壮大之势已然箭在弦上。对于市场的商业环境来说，也会随着发展趋势慢慢完善、系统化。预计市场作用在未来阶段将大幅度增强，而在当前阶段，我国的文化创意产业发展还不成熟，各方面缺乏规范化管理。这离不开政府的帮助和指导，有关部门应不断为产业发展提供政策和法律的支持。

其次，在文化创意产业分类和统计口径方面，目前我国尚无成熟的规范。在全国范围内，文化创意产业属于文化产业的一个分类，所以我国对文化创意产业机构的设置有所忽略，没有设置管理文化创意产业的专门机构。为了实现文化创意产业的健康发展，需要构建一套符合我国实际情况的文化产业管理体系。当前文化和旅游部负责文化产业整体管理，但职能机构的设立比较零散，行业部门和区域之间都严格划分权力和责任范围，导致整个行业的管理链条被打破，不利于

国家进行文化创意产业发展宏观政策调控。另外，在现有体制下，各地都有各自独特的区域经济特征和文化特色，导致各地对文化创意产业认识不一，从而也就形成了各具特色的管理模式。我国各地文化创意产业在现实情况中拥有多元化的发展依据与特色，所以政府很难改善管理体制。在全国范围内，文化创意产业想要保持整体同步和统一的管理模式非常困难。

最后，基于现实情况，目前我国的立法方面尚不完善，有待丰富中介服务平台的职能，公众自觉遵守意识不强，各法律法规的执行力度不够，因此，我国正在逐步构建、完善关于文化创意产业的法律法规。文化创意产业作为一种新兴产业，其发展过程中存在着许多风险。在发展过程中涌现出不少新技术和新产品，但接踵而来的是新的矛盾和挑战，缺乏更专业、更详细的法律体系。因为现行法律法规无法充分适应新情况、解决新需求，所以从整体上看我国法律法规的完善速度比较慢。

我国文化产业发展还处于起步阶段，知识产权保护水平低，维权成本高，在知识产权保护方面存在许多问题。专业化、便捷化知识产权服务公共平台相对欠缺，还没有产生有权威的、大规模文化创意产业专业化公共服务平台，不能对文化创意产业的法律知识进行有效的宣传，而创意成果最初的创造者是文化创意产业的个体从业者以及初创型文化创意企业。在知识产权保护能力方面，他们与喜爱文化创意创作的一般大众一样，都处于最弱势地位。因此，职业、便利的文化创意法律服务需要被完善，以供弱势群体的需求。高效快捷的、专门为文化创意产业提供法律公共服务的平台在我国比较稀缺，有关部门应当设置更多的相关产权服务的中介机构，避免供不应求的情况出现。从法律实施的角度看，必须高度树立公众的法律和维权意识，因为法律存在一些模糊地带，所以有些投机分子容易借助法律的漏洞投机取巧、浑水摸鱼。我国亟待加大对文化创意产业的执法和打击力度。

（二）原创性与创新型产品缺乏

我国的原创性、创新型产品不足，究其原因，主要有两个方面：一是我国优秀文化资源开发不足，二是文化创意人才稀缺。文化创意产业的发展需要大量文化创新产品支撑。我国文化创意产品在品种和规模上都不能适应国内文化创意消费日益增长的需求。制造的大部分产品都属于低端商品，缺乏文化内涵和审美价值，更谈不上创新性。在国内市场行业中，比如动漫产业，许多动画制作人在设计国产动画时都会下意识地仿照西方动漫，更有甚者，制作的动画作品是用恶搞庸俗作为噱头吸引大众。他们没有理解中国梦的真正内涵，缺乏文化自信和文化内涵，对我国优秀的传统文化了解不多。

（三）商业经营模式尚不成熟

基于现实情况我们发现，电商衍生、广告植入以及产权使用付费等方式，是我国文化创意产业一般采用的商业经营模式。目前阶段随着人们对知识产权的重视，IP（知识产权）作为一种投资形态，其衍生变现经营模式日益被文化创意产业工作人员所推崇。因此，商业模式的发展趋势初露端倪——多元化。在商业经营模式方面，我国的文化创意产业正处在摸索、完善阶段，一些产业的商业经营模式尚不成熟，具体表现如下。

首先是衍生品商业开发不足。凡是优秀的文化创意产品在国际上很难被复制，而最容易模仿的就是那些种类单一、文化层次较低的产品。这些低层次产品的传播销售一般不具备持续性。因此各国对文化创意产品的知识产权保护非常重视，为了提高我国文化产业整体竞争力，促进文化产业发展和繁荣，政府相关部门应该改变衍生品商业开发不足的现状，增加创意型产品的制造与开发。在创意萌发落实为产权后，常常会衍生出附属产品，涉及其他产业，比如毛绒玩具、服装饰品以及音像图书等。另外，以这种文化创意产品作为要素的高端衍生品，如大型文化创意体验设施等十分欠缺。当前国外的文化创意元素被我国各大文化体验园作为运营内容，整合与营销的内容以餐饮业和图书出版业为主，上海迪士尼乐园就是一个很好的例子。即便我国拥有众多的优质IP，但能构成后续衍生品发展的却寥寥无几。

其次是衍生品一旦具有高技术含量，其产品传播通常优先于销售。这很不利于成熟商业模式的塑造，文化创意衍生品的设计和营销都需要大量的资金投入，而文化创意产品本身又具有一定的不确定性，因此其价格也是比较昂贵的。一款优秀的文化创意产品，需要通过对消费者感官的持续刺激，才能够得到持续的重视。文化创意衍生品在我国的发展还不充分，致使许多具有商业拓展空间的文化创意无法与新产品交融，从而也不能继续占据销售市场的份额，最终丧失终端消费群体。

再次是产品的品牌效应不足，这是因为消费群体的覆盖范围太狭窄，终端营销传播力度不够。比如动漫衍生品开发滞后于市场发展需求，缺少原创精品。对于中国动漫产业，其定位的受众群体主要是青少年。他们大多不满17周岁，而青少年与成年人的审美具有很大不同，因此，成年人无法成为动漫产业的主要消费群体。相关动漫制作人应该考虑到年龄阶段的问题，针对成年人设计出符合他们审美和价值观的动漫。

最后是品牌建设方面，中国文化创意产业在国际上并没有打响自己的品牌。在当前的背景下，文化创意产业是一种新兴的朝阳产业。在一个行业的发展过程中，品牌起着关键的传播和扩散效应。中国文化创意产业的国际影响力不足，自身发展不够壮大，原因就是我国文化创意产业自身文化创意品牌的匮乏。

第三节　国外文化创意产业发展现状

一、英国文化创意产业发展现状

（一）发展概述

"创意产业"是英国对文化创意产业的定位和称呼。"创意"一词于1993年正式进入英国的文化政策文件。大力发展文化创意产业，即是新文化政策的核心内容。布莱尔政府在1997年提出了"新英国"概念，目的是改变国际对英国的衰落印象——老工业帝国。布莱尔政府很快建立起一个创意产业工作组，由政府部门及产业界的几位代表组成，主席由布莱尔出任。这也是为了适应文化创意产业的发展要求而跨部门协调英国创意产业。英国为了增强国家核心竞争力，把由过去的"世界工厂"改造成为一个新型的"世界创意中心"。英国政府推出这一举措花费了巨大人力、物力和财力。创意产业在西方发达国家已得到广泛认同，但创意产业究竟如何界定？创意产业工作组在成立后的第二年提出了第一份《创意产业专题报告》，界定了创意产业的概念。

英国创意产业在过去的几十年中借助政府的指导与促进，GDP中的增加值占比逐年递增、不断上升，曾经是英国发展速度最快的行业。创意产业作为一种新经济形态已渗透到社会生活中的各个领域，对传统制造业、服务业及相关行业产生了巨大影响。10万多家从事创意产业的公司共有将近200多万人的工作人员，在英国就业人员总数中占比高达8%，在所有行业中名列前茅。因此创意产业在提升英国的文化软实力方面贡献卓绝，已经成为拉动英国经济增长的一支重要力量，大大增强了英国在国际上的影响力，具有举足轻重的地位。

英国存在经济增长缓慢和失业率不断升高的社会问题，而当今时代的创意产业发展已经成为英国解决社会矛盾的一种有效手段。伦敦等几个主要城市，也已逐步成长为世界创意城市的典型代表。从产业结构、文化艺术等方面对英国创意产业进行分析研究，并结合其在区域中的地位和作用，可以预测出其未来发展趋势及带来的影响。创意产业对城市及周边区域的经济发展具有强大的促进作用。

英国主要文化创意产业是设计、时尚产业、音乐产业、表演艺术产业、电子游戏制作产业。

（二）发展特点

1. 国民经济中最富有活力的产业

在国民经济活力方面，英国文化产业的平均发展速度比经济增长速度快两倍。英国文化产业每年为英国国民经济贡献大约600亿英镑的产值。600亿英镑是什么概念呢？以英国的汽车工业为例，汽车工业一年的总产值也大概就是600亿英镑。另外，每年在英国举办650个左右的专业艺术节，全球最隆重的艺术节之一就是爱丁堡国际艺术节。在这个艺术之都举办的艺术节上，人们可以欣赏到来自世界各地的艺术家创作的各种艺术作品。很多享誉世界的设计师、著作家、声乐家、画家、舞蹈家、电影制作人都是英国人，或者是在英国宽松的艺术文化环境中成长起来的。在这些艺术家的创作下，出现了众多优秀的电视节目、电子游戏和其他文化产品。因此，可以看到这种创造性产业具有举足轻重的作用，对英国国民经济的推动是巨大的，年创利810亿英镑，为上百万人提供了就业机会。

2. 以教育文化和文化旅游为两大支柱

提起英国的高等教育，人们最先想要的就是著名的剑桥大学、牛津大学两大世界名校，但除此之外，我们也不能忽略英国的其他高等学校，其中不乏优秀的典范。英国的高等学校近几年面向全世界招生，每年在牛津大学留学的外国学生中，仅中国学生就超过 1000 人。此外，大量预科生赴英国留学。英国教育事业也因为各国留学生的到来而焕发光彩，其教育产业得到大大推动，同时留学生缴纳的学费也为英国教育事业贡献了高额经费。教育事业的繁荣昌盛带来了文化消费的热潮，增加了许多文化消费者。随着经济全球化趋势日益明显，各国都把注意力转向国际市场，积极开拓海外资源，扩大本国的国际影响力。英国本身还是个文化积淀很深的民族，他们在开发旅游产业时，重视挖掘与运用文化因素。同时，旅游和文化保护互相促进而形成良性循环，大大丰富了英国的旅游资源。英国旅游业年产值位居全球旅游大国第五位，在全球旅游收入中的比重占据了大概 5%，多达 700 亿英镑。

3. 演艺产业在世界上享有盛誉

首先，英国戏剧传统源远流长。全国范围内，用于专业演出的剧院约有 300 多家。这些剧院每年要为观众表演大量的节目，并向社会开放，以满足公众对表演艺术的需求。300 多家剧院中，地处伦敦的有 100 多家，其中经费来源于国家的剧团有 15 家，包括皇家剧院以及皇家莎士比亚剧团，皇家莎士比亚剧团的总部就在莎士比亚故乡艾玛河畔特拉特福。

其次，英国人对各种音乐都情有独钟。他们的审美品位丰富而独特，覆盖面极广：既有古典音乐，也有多种形式的摇滚；既有乡村音乐与流行音乐，也有爵士乐和世界音乐；民间音乐与铜管乐队也均有一大批追随者。流行音乐以其独特的魅力吸引着成千上万的听众。流行音乐与摇滚乐产业不仅通过销售唱片盈利，他们的巡回音乐会的门票和广告盈利也是收入不菲。总的来说，这使英国在海外获得了相当大的收益。流行音乐还被用来训练演员并提高他们对表演的兴趣，随之形成了一些著名的室内乐团和交响乐团，还有一些合唱团与唱诗班在国际上也有一定的知名度。在利兹举行的国际钢琴比赛以及在加的夫举行的世界歌唱比赛，都吸引着世界各地杰出的青年艺术家来英国参加。

最后，在欧洲音像制品的销售市场上，英国的音乐产品销量位居第四，增长速度为 10%，并保持了 10 年。在英国的音乐产品销量中，流行音乐约占 66%，古典音乐约占 7%，而国外音乐约占 4%。随着经济的发展和民众生活水平的提高，人们对娱乐文化需求日益增长。对于歌剧，大家都很关注，而且兴趣越来越高，歌剧表演一年大约有300万观众欣赏，其受众群体绝大多数都是成年人；英国的舞蹈产业的国民参与度是最高的，其舞蹈从业人员大约有6万人，因此，英国不乏优秀、著名的舞蹈剧团，比如伯明翰皇家芭蕾舞蹈剧团和皇家芭蕾舞蹈剧团，均为全球一流舞蹈剧团。

4. 文化基础设施现代化、多样化、普及化

我们还发现，英国的文化领域十分繁荣，拥有的博物馆、艺术馆、图书馆、书店等，数量之多是人们难以想象的。除了那些历史悠久、风格迥异的建筑外，还有许多令人眼花缭乱的各类文化设施。大部分文化设施都具有丰富的文化内涵和较高的文化品位，造型别具一格，富有文化底蕴，成为游客必去的旅游景观。这些文化设施不仅为人们提供了一个欣赏艺术的途径，而且也是人们获得文化知识的重要平台之一。据不完全统计，英国国内共有博物馆、画廊2500余家，而图书馆多达5000家。其中200多个博物馆位于伦敦，以牛津大学为例，四大博物馆包括牛津博物馆、科学历史博物馆、大学自然博物馆和皮特河博物馆滋养着一代代莘莘学子。其中许多藏品是世界上独一无二的，堪称国宝。这些文化艺术中心不仅是英国的瑰宝，更是全世界和全人类的文化宝藏。大英博物馆藏品的丰富性是出了名的，而且对于游客是免费的，没有门票费。自2001年起，维多利亚和阿尔伯特博物馆、自然历史博物馆等这些英国较大规模的国家博物馆已全部免费对外开放。这些博物馆主要以陈列展品为主，同时开展各种形式的服务与宣传活动，如展览讲座、参观游览、参观学习等。也有一些专项博物馆，比如交通博物馆、战争博物馆、玩具博物馆、扇子博物馆等，同样免费对外开放。还有许多著名景点和艺术中心均有免费游览项目。

二、美国文化创意产业发展现状

（一）发展概述

首先，20世纪90年代初期，美国才对文化创意产业进行了明确界定。最初是以专利和版权为主要内容的文化产业，后来逐渐扩展到包括设计、音乐、出版以及其他与信息服务相关的活动。1984年成立的美国国际知识产权联盟首次提出了"版权产业"的概念，当时是被用来计算文化娱乐产业在美国经济发展中所起

的作用，主要包括通信、电影、广播、电视广告以及其他行业。

其次，美国国际知识产权联盟于1990年第一次就版权有关行业在经济发展中的作用进行了调查。同时，对涉及版权的不同行业进行了归并。也是在这一年第一次出版了《美国经济中的版权产业》一书，从多方面来评估文化创意产业的贡献产值，包括推动出口额、增加就业岗位等促进美国经济增长方面。从那时起，美国版权产业的系列报告平均每隔一到两年就会发布一次。

最后，美国对文化创意产业重新命名，即命名为版权产业。其中以核心版权产业为主线，以相关版权产业、部分版权产业以及交叉版权产业为辅。所谓核心版权产业，是指对整个文化产业产生决定性作用的一类版权内容的集合。核心版权产业包括以生产、创作、传播为主要目的的产业，比如报纸、期刊、图书、电影、电视剧制作、视频游戏、音乐、广播等。部分版权产业（partial copyright industries）指在某些行业中只有某些方面或产品的一部分创造出适用于版权保护的内容，包括从服装、纺织品、珠宝到玩具和游戏等众多产业；交叉版权产业（interdependent industries）是指生产、制造和销售促进创造、生产或使用受版权保护的作品的设备的产业，包括CD播放器、电视机、录像机、个人电脑和使用相关产品的制造商、批发商和零售商；版权相关产业（non—dedicated support industries，非专门支持版权的产业）的行业分布包括那些既销售有版权商品又销售无版权产品的行业，包括运输服务、电信、批发和零售贸易等产业，在过去的研究中，只有这些产业的总增值的部分被认为是版权产业的一部分。

美国文化创意产业主要有影视制作、图书出版业、软件产业。

（二）发展特点

1. 自由发展

我们都知道，自由是美国人常挂在嘴边的口号。由于社会风气的影响，自由主义理念已经根植于每一个美国人的心中，他们做事自然而然也会受到自由主义理念的影响，于是，追求自由也就成了美国文化产业的主调。事实上，美国政府既没有设置文化部门，也没有制订相关的文化政策。政府扶持文化产业主要表现为提供自由的创作环境和有力的知识产权法律保护两个方面。其中在核心版权产业方面体现尤为明显。文化产业发展过程中，一切程序是否符合法律法规是美国政府关注的重点。凡触犯法律者,将严格依法对其进行相应的处罚,尤其是对于侵犯知识产权的案件,其处罚力度更是从严从重。作为法治国家的美国,政府不仅通过立法手段对文化进行规制,还在道德方面对文化产业发展进行监督,主要体现在电影实行分级制、对 MTV(音乐电视)实行监察制等方面。

2. 包容态度

美国是个多元的文化共同体,其本身就融合了多个民族的文化,吸取的各个民族的文化共同构成了美国深厚的文化底蕴。在美国的领土上生活的人除了本民族的土著人,还有非洲的美国后裔以及拉美和亚洲移民,他们都为美国文化的发展做出了巨大贡献。在这些外来的文化元素中,黑人音乐无疑占据了举足轻重的地位。比如起源于黑人节奏布鲁斯音乐的摇滚乐,后来在世界音乐中占据了一定地位。想要纵观美国文化产业各领域的文化成果,最好、最全面的展现场所就是大都会博物馆,位于美国纽约。在那里可以看到世界上不同文化与文明的碰撞,顶级的代表藏品将各种文化展现得淋漓尽致。游览完会发现,不论是哪个行业与领域,都在一定程度上借鉴了外来优秀文化。

3. 投资主体多元化

在美国,一些文化和艺术团体本身盈利很少或者是纯公益性质,各级政府提供的经费远远不够支撑其日常运营,因此它们都需要一定的社会资助。这些资助一般是由企业提供的,有时会有基金会支持以及个人捐款,资助金额一般都比较庞大。就商业机构运作机制而言,美国文化产业借助跨国公司的投资,比如哥伦比亚三星由索尼公司在日本控股,福克斯由新闻集团在澳大利亚控股。荷兰的宝丽金公司和日本索尼公司都在美国市场获利,这些跨国公司由外国商人掌控,却又受美国文化的支配,美国仍是最大的受益者。

4. 成熟的市场运作

按照市场经济的规律进行文化产品的生产、销售,形成成熟的市场运作模式,美国是这方面的典型代表。首先,非常重视文化市场的调研。其次,在世界范围内建立产品销售网络,文化产品一经推出,就可以通过这些网络迅速分销到全世界。好莱坞在世界范围内的成功,归根到底是市场营销的成功。

5. 科技支撑

高新科技的广泛应用,极大地促进了美国文化产品生产的发展和创新。

以百老汇音乐剧制作为例，其科技含量较高，为众多传统表演艺术所不及。它的表演场景配以优质灯光，非常唯美。高级的音响效果让人沉浸其中，极大地提升了艺术感染力。

6. 人才支持

拥有丰富的人才是美国能够在文化产业领先的一个重要原因，美国从世界各国搜罗了大量的优秀艺术人才，仅1990—1991年，独联体各国就有10万文化界人士流向西方各国，旅居美国的就有3万多人，其中著名人士达1500多人。可以说，美国各方面文化艺术的发展都离不开这些移民的贡献和努力。在学习文化管理学以及培养文化管理人才等方面，美国也走在前列。全国范围内，30家高校均开设了艺术管理专业，大学为美国培养了一大批高素质的文化管理人才，包括本科生、硕士生、博士生，提高了文化管理水平。

（三）发展措施

伴随着版权产业在美国的兴起，美国在20世纪70年代以后为保护自己的经济利益、推动自身版权产业发展、增强全球竞争力，开始全面推行版权战略，强化版权保护，推动文化创意产业蓬勃发展。具体而言，主要有如下几个方面。

1. 重视版权保护

我们都知道，美国政府对于版权产业保护颇为关注。在政府机构里有一个附属于国会图书馆的版权办公室，日常工作为注册版权和审核资格以及其他任务，并服务于国会和其他行政部门，为其提供版权建议。而知识产权国际贸易谈判，由美国贸易代表署负责。海关主要负责涉及知识产权产品的进出口审核等相关工作。美国政府为了满足版权产业的发展要求，设立了许多工作小组，它们直属于政府部门。这些工作小组如信息政策小组等负责加大版权监管和保护力度。

2. 加强版权立法

为了更好地保护版权，美国政府先后通过了一系列相关的法律法规，其中包括《跨世纪数字版权法》《版权法》《半导体芯片保护法》《电子盗版禁止法》等。美国的这套法律体系堪称世界上覆盖范围最广、有关条款最详细的法律体系。其中，数据库保护是最重要也是最具代表性的内容之一。近年来，美国一直在对版权法进行修订，大量立法议案出台，数据库保护也不例外，继续完善版权保护制度，为版权业提供有力的法律保障，目的都是繁荣版权产业。

3. 实施数字化版权保护战略

据统计，美国在数字化技术和应用方面处于世界领先地位。在大数据和云计算不断发展的今天，高超的互联网技术推动了版权产业的国际化和数字化，给版权产业的发展创造了优良宽松的环境条件。在数字化时代，美国为了满足版权产业发展的需求，积极推行战略政策——数字化版权保护。1998年10月，美国出台了《跨世纪数字版权法》。该法案是根据数字技术及网络环境特点制订的，面向公众及版权产业界，对美国《版权法》进行了重要补充与修改，更好地实现了对数字化版权的保障。

4. 推动版权保护国际合作

美国的版权产业在20世纪70年代以后得到了长足的进步。在版权产品出口方面，美国逐渐位居全球第一。在美国经济发展过程中，国际版权保护的重要性越来越明显。美国在本国版权产业界人士的积极促进下逐渐参与到国际版权保护体系的制订中来。美国通过立法手段，大大促进了版权保护方面的国际合作，在海外版权产品进出口方面，美国的版权产业得到了很好的保障。1998年，美国通过多年的努力加入了《伯尔尼公约》，自此对版权产业的保护成为双向。美国也积极促进了有关国际贸易的新的国际版权保护体制的确立，以关贸总协定乌拉圭回合谈判为契机，最后的成果是《贸易有关的知识产权协议》的发表，既完善了国际知识产权保护层次，又建立起行之有效的争端解决机制和法律实施机制。

三、日本文化创意产业发展现状

（一）发展概述

日本是亚洲文化创意产业发展最快也是最发达的国家，尤其是日本的动漫产业和工业设计产业，在世界上处于绝对的领先地位。但在日本，一般不采用文化创意产业的说法，而称之为内容产业。

按照内容产业即是文化创意产业的理论，日本界定的文化创意产业包含十几项内容：个人电脑、工作站、网络、电视、数码影像信号发送、数码影像处理、多媒体系统构建、录像软件、音乐录制、书籍杂志、新闻、汽车导航。而按照另一部分学者的观点，内容产业仅仅是日本文化创意产业的一部分内容，其还应包含两部分：一是休闲产业，二是时尚产业。①

本研究认为，后一种划分方法更全面一些。其中，休闲产业包括学习休闲、鉴赏休闲、运动设施、学校、补习班、体育比赛、国内旅游、电子游戏、音乐伴唱等。时尚产业则包括两部分：时尚设计和化妆品。

日本在1995年发表了题为《新文化立国：冠以振兴文化的几个重要策略》的报告，提出了21世纪"文化立国"的战略方针，计划通过产业运作方式大力扶持、发展文化创意产业，于2003年制订了观光立国战略，2004年颁布了《文化产品创造、保护及活用促进基本法》。总的来说，日本一直都将发展文化创意产业提升到国家战略的高度，对其十分重视。

日本主要文化创意产业有动漫业、游戏业、娱乐演出业、出版广告业。

（二）发展特点

日本作为全球文化创意产业大国之一，是在相对较短的时间里迅速崛起的。其成功的原因除了特定历史传统与文化氛围之外，还在于日本推行的文化创意产业开发模式是由政府主导的，这无疑是其中一个非常重要的成因。这种发展模式具有鲜明的特色，值得我国学习和借鉴。日本以政府为主导，以政府有力介入并发挥主导作用为特征的文化创意产业开发模式，在文化资源配置中，使市场机制发挥出作用。而政府干预最主要的手段体现在对宏观经济计划的合理制订和对产业政策的有效运用。

1. 比较有活力的文化创意市场组织结构

首先，日本创意企业在结构上体现出企业经营集团化。在经济发展过程中，社会财富是逐渐向文化产业集中的，文化企业集团是不少大企业从20世纪50年代中期开始相互联合而形成的。在日本，经济发展比较平衡，虽然由于国力的限制，一部分企业规模小且实力弱，但也有不少大型企业集团。这些企业集团被划分为由银行和金融组织等核心聚集起来的财团型企业集团，把大量企业并入其生产体系，组成独立型企业集团。

其次，相对来说，日本的企业股权比较分散，由法人互相持股。这不可避免地使经营管理权集中于少数人手中。

---

① 林乃森：《日本创意产业发展政策及其启示》，《中南大学学报（社会科学版）》2011年第1期。

再次，日本实行经理决策和工人参与制。在经营管理过程中，经营者通过各种方式影响职工的态度和行为，从而决定着企业的发展方向。占据企业管理层的核心位置的，毋庸置疑是企业经营者，也是企业的实际决策者。另外，在日本企业中，工人在某些方面拥有与企业经营者共同协商的权力，比如劳动条件、新技术的引进、生产计划的制订、公司住宅和其他福利措施等方面。在决策程序上，工人对决策的参与也体现为一种"向上管理"。这一决策程序比较客观、全面且公正，最大程度上代表了职工的意见。由于受传统体制影响较大，中小企业在发展过程中往往受到很大限制，但也有不少企业通过这种创新和改造而成为大型企业。

接着，搞活中小企业，达到系列化生产模式。创意产业内各行业中的许多小企业均有自己独立的研发机构，它们大多具有很强的创新能力和较高的技术素质，并能够通过自主开发产品来获得竞争优势。大企业和中小企业和平共处，这是日本企业结构中最典型的特点之一，在创意产业内部也是一样的。这种分工模式不仅有利于发挥小企业的灵活性，而且还可以使企业规模不断扩大，增强竞争力。中小企业普遍融入了大企业系列化生产体系，将大企业作为参照目标，使中坚企业成为中坚力量，依托大中小企业，构成垂直型的合作模式。

最后，文化行业协会作为中介，发挥着重要作用，中介机构应更加积极，使文化与市场之间的沟通与衔接达到高度融合和顺畅。几乎每一行中，日本的文化行业协会都有分布。在这些自律性组织或者机构中，负责拟订行业规则的都是社团法人。保障会员合法权益的同时开展行业统计，它的作用相当于政府职能的扩展，效果显著。

2. 比较成功的市场动力机制

所谓市场动力机制，就是一种激励机制，先为社会和个体设立行为目标，再规范化、制度化实现这一目标。市场动力机制有多种类型，比如精神激励型、物质鼓励型以及综合动力型。日本文化创意产业之所以能够快速发展，是市场动力机制成功化解的结果，既关照国情因素，又吸纳西方文明，兼顾营造物质动力和精神动力，有效结合奖惩、竞争与合作。它以"以人为本"为核心价值理念，通过对员工的激励来调动其积极性，同时又能有效地控制和规范其行为，形成一个相互制约、相互促进的良性运行机制。基于这一动力机制，无论是企业还是劳动者，自觉从属于社会的目标，其行为目标在多元中巧妙地达成了一致，自然而然地协调了经营者与劳动者之间的利益，从而确保企业乃至整个文化创意行业能够长久持续地进步。同时，这种多元化的行为目标又决定着它必然要采用不同类型的激励方式。符合多元行为目标，采用的激励机制同样具有多元性。与欧美注重物质刺激相比，该多元激励机制主要依靠惩罚和竞争。较典型的成功经验是将物质刺激和精神刺激结合起来，辅以惩罚和奖励，有机结合竞争和协作，使该激励机制符合日本国情及历史和特有的文化传统。这种激励模式对我国经济的发展具有重要的借鉴意义。终身雇用制、年功序列工资制都是日本企业通常采用的制度，这在发达市场经济国家中实属罕见。

3. 比较严密的宏观经济计划

在宏观经济政策调控方面，日本政府做出了很大的贡献，这也体现出日本文化创意产业发展模式是由政府主导的。这一模式以政府为主、市场为辅来进行运作，不仅使文化产业得到迅速发展，而且成为国民经济中重要的支柱产业之一。制订发展战略、编制经济计划是制定宏观经济政策最重要的内容。日本政府同时也为文化创意产业提供良好的宏观环境与社会氛围。日本的"文化立国21世纪方案"于1996年确立。两年后，日本政府提出的"文化振兴基本设想"将文化的复兴上升为民族的头等大事，强调文化的优先投入。对于振兴区域及地方文化，后来日本政府于2003年制订的"观光立国战略"提出：政府要扶持地区文化活动的开展，包括再发掘、复兴地方特色文化遗产和民间艺术，延续传统工艺与祭祀活动等。

(三) 发展措施

1. 加强文化和市场的结合

基于优秀的市场机制，日本文化创意产业得到了很好的发展，很多大型文化活动都有商家企业的介入与赞助，在演出界、电影界、出版界、广告界等，都拥有成熟的文化企业团队。即便日本的文化创意产业是以政府为主导，但日本文化产业的管理并非全由政府包揽，还在于市场化的运作。

2. 发挥行业协会的重要作用

在日本，文化行业协会众多，自律性组织几乎遍布每一个产业。这些协会和其他民间团体一样，在社会经济活动中起着重要作用。在这些自律性组织或者机构中，负责拟订行业规则的都是社团法人。保障会员合法权益的同时开展行业统计，它的作用相当于政府职能的扩展，效果显著。比如，政府一般不直接负责对文化产品的审查，这些细节都由行业协会负责把控。

3. 积极开拓海外市场

日本政府有关部门拨出专款，经产省与文部省联手合作，设置民间的内容产品海外流通促进机构。该机构负责在海外市场从事文化贸易和维权工作。纵观日本政府国家战略与产业政策的走向可见一斑，日本政府正在由注重制造业向注重创意产业转变，以把它打造成日本支柱产业为目标，最终达到文化立国的目的。

第四节 文化创意产业发展的经验启示

发达国家和地区文化创意产业起步较早，发展速度较快，很多已走过了产业发展的初始时期。这些国家在发展文化创意产业过程中，留给我们一些值得学习和借鉴的有益经验和启示。

一、在产业发展初期政府给予大力的政策支持

文化创意产业发展与进步离不开政府提供的政策扶持。文化创意产业具有明显的外部性特征，需要依靠市场来配置资源，因此，必须要有良好的政策环境予以扶持。政府对文化创意产业的政策扶持，主要通过制订完善公共服务与政策法规来实现，为文化创意产业的发展创造合适的外部环境。目前我国文化创意产业的蓬勃发展对政府职能提出了新的要求，如何发挥好政府职能成为推动文化创意产业快速健康发展亟待解决的问题之一。尤其是文化创意产业的早期阶段，产业竞争不强，产业优势不明显，产业市场效益不明确的时候，政府可以发挥"有形的手"，来有效弥补市场的不足。

许多发达国家都成立了由政府高层领导牵头、由多部门参与、具有协调功能的文化创意产业发展委员会或指导委员会，为创意产业发展提供专业化的规划和指导。如英国政府成立了由首相领导的，由文化、经济、教育、研究机构等部门相关人员组成的文化创意产业专门小组，负责组织管理、人才培养、资金支持和生产经营等有关方面的政策制订工作。美国在积极鼓励各州、各企业集团及全社

会大力推动文化艺术发展的同时,也制定相关法律制度对文化创意产品实行严格的知识产权保护。韩国、日本、澳大利亚等国政府亦纷纷出台相关文化产业政策及相关法律制度,以促进文化创意产业发展,在全国范围内,确保文化创意产业平稳发展。

二、在产业发展过程中充分保护自主知识产权

自主知识产权既是保护创新成果和提高创业者积极性的重要因素,又是培育文化创意产业竞争力的核心所在。文化创意产业不同于传统的制造业,讲究产品的原创性和知识产权保护,特别是创意源自对自有文化资源的有效利用与开发,是一个智力开发过程,是一项复杂的智力活动,绝不是靠简单引进就能解决的问题,需要付出辛勤的脑力劳动才可能取得成功。只有在整个产业发展过程中,注重对自有文化创意成果的知识产权保护,并实现市场价值,才能取得文化创意产业发展的主动地位。发达国家在文化创意产业发展过程中,历来都十分注重对本土文化资源的有效利用和对创意的开发,拥有自主知识产权的文化创意成果,在整个文化创意产业市场中占有相当重要的地位。当前发达国家不断提升文化创意产业的竞争力水平,着力打造具有自主知识产权的产业品牌,文化创意产业发展已呈现出国际化趋势,甚至在个别领域开始出现由跨国公司引领、控制甚至垄断他国文化创意产业市场的局面。

三、在产业发展手段上加快文化人才培养,形成创意阶层

根据其他国家文化创意产业的经验,推动文化创意产业蓬勃发展的动力是培育文化创意人才。没有高素质的创新创业型文化创意人才队伍,就不可能有先进的创意产品,也无法实现真正意义上的文化产业。大批的创意人才为创意产业发展提供了智慧供给,也为创意涌现提供了无穷的源泉。因此,文化创意人才作为推动文化产业快速发展的核心力量,越来越受到各国政府的重视。文化创意产业在发达国家得到了高度发展,恰恰是有了丰厚的人力资源作为强大的支撑。目前我国文化产业已经进入加速发展期,但与之配套的人才匮乏问题已成为制约文化产业快速发展的瓶颈之一。为顺应产业发展趋势,这些国家对人才教育进行了结构调整,设立了相应创意人才培养机构及培养体系,强化创意产业人才,尤其是

增加高端创意人才的培养力度,源源不断地培养文化创意产业专业人员和相关从业人员。在发达国家,文化创意产业从业人员有数百万。

第五节 我国文化创意产业发展方向

一、体现新时代的"精气神"

2017年10月30日,中国残疾人艺术团在德国奥格斯堡为当地观众朋友们带来了题为"中国梦·我的梦"的精彩演出。这次演出是巡演的最后一站,在此之前,艺术团还分别于25日、28日在捷克布拉格和德国纽伦堡进行了演出。"中国梦·我的梦"蕴含着丰富的中国元素,精心编排的节目体现了奋发向上的中国精神,而每一位残疾人演员背后都有一个"中国梦"的故事。

演出当晚,中国残疾人艺术团一行为当地观众演出了芭蕾手语诗《我的梦》、歌舞剧《化蝶》、大型舞蹈《千手观音》等。在《千手观音》中,21位聋人演员用整齐的肢体语言向观众展示着爱与善的真谛。演出时现场的气氛十分热烈,德国观众表示残疾人演员的表演震撼了他们的内心,也让他们为演员们自强不息的"中国梦"精神所深深感动。演出结束后,观众驻足不舍离开,用他们独特的方式表达了对中国文化和中国艺术家的敬意。

这部大型原创舞剧打响了中国文化在国际上的知名度,就是一张对外交流的有力招牌。有一种文化的力量,超越了语言与国界,不完善的个人与团队合作,经过后天努力也同样能收获成功。中国文化自信,需要大量文化精品记录下来。仅仅停留于感官娱乐水平的文化产品往往缺乏有效的营养成分。在文化产品同质化严重、缺乏个性特色的情况下,一味追求形式上的创新,容易导致内容低俗化、庸俗化。就歌曲而言,层出不穷的新歌由收音机走向网络,真正能打动人心的却是凤毛麟角。

最后,文化创意产品,说到底就是文化产品,它与其他产品的区别在于其具有感化、塑造人民心灵的作用。因此,我们要开放格局、提高品位,坚决抵制文化作品走向恶俗。没有高素质的创新创业型文化创意人才队伍,就不可能有先进的创意产品,也无法实现真正意义上的文化产业。中国电影文学学会会长王兴东对《战狼 2》这部具有血性、扬我国威的影片表示赞赏,因为《战狼 2》对我国文化创意产业怎样讲好中国故事进行了阐述。《湄公河行动》根据真实故事改编而来,探索主旋律电影商业运营之道。两部影片均为近几年主旋律电影中的成功范例。因此,今后我国文化创意产业,应当不断将新时代的"精气神"体现出来,提供真正有意义、有价值的产品与服务。

二、呼唤文化产品供给升级

今天社会主要矛盾由 20 世纪 80 年代的"人民日益增长的物质文化需要同落后的社会生产之间的矛盾"转变为现在的"人民日益增长的美好生活需要和不平衡不充分的发展之间的矛盾"。因此,以满足人们日益多样化、多层次需求为目标,通过推动文化产业发展来提升人的生活质量,促进人全面发展就成为当下最重要也最迫切的任务之一。这符合中国当下的国情,顺应了我国生产力迅速飞跃的社会现实,这与我国已是世界第二大经济体这一现实相吻合,给新时代我国文化创意产业的发展带来了新机遇。

尤其是在中等收入人群不断增长的今天,不断有国民强调生活品质、提倡生活美学,偏向高附加值产品,对大规模批量生产制作的商品嗤之以鼻,形成了高个性化与高定制化的消费观。因此,以追求精致为特征的文化创意产业将成为引领经济增长方式转变和产业结构转型升级的重要引擎,并逐渐成为推动国家经济社会发展新动能的核心要素之一。随着高文化附加值的产品不断出现,应运而生的是私人定制和情怀营销。今后的发展方向是满足人们多样化的精神文化需求。

在经济全球化的背景下,文化产业要积极适应消费升级趋势,大力推动文化与科技融合,努力拓展市场空间,不断提高综合实力。基于大数据技术,文化创意产业也应充分利用互联网高新技术对消费者的新需求进行精准定位和研究。利用互联网技术,借助信息化手段进行文化传播,努力破解文化发展失衡的难题。不断充实文化产品供给,改善供给结构,对文化业态进行创新,增强文化内涵,提高产品质量。

第三章 文化创意产业发展的跨界融合

当前,文化创意产业已成为支撑我国文化经济增长的新动能,而融合渗透成为创意产业发展方式转变的重要路径。随着全球化步伐的加快与科学技术的迅猛发展,创意产业与商业、制造业、农业等不断走向深度融合。本章为文化创意产业发展的跨界融合,重点介绍了文化创意产业与互联网、商业、新农业、制造业、旅游业、传统工艺的融合,从融合意义、融合表现等方面进行具体分析与阐述。

第一节 文化创意产业与互联网的融合

随着时代的变迁、社会的发展,信息技术等新兴行业逐渐走入大众化视野中,互联网飞速发展,"互联网+"有关企业受到越来越多的关注。在这个时代背景下,文化创意产业面临着十分巨大的挑战与机遇。一方面,互联网经济飞速发展,产业特征越来越向着趋同化发展,这使得文化创意产业的独创性与民族独特性受到越来越严峻的挑战;另一方面,文化创意产业与互联网经济结合起来,利用互联网经济的影响效应,可以快速实现产业整体的转型升级,而且有助于文化创意产业的快速发展。

一、文化创意产业与互联网融合的意义

(一)流通环节减少,成本降低

文化创意产业与互联网进行融合,相比起未融合之前,其流通环节减少了,成本也大大降低了。一般情况下,文化创意产业通过实物作为媒介,在生活中不断流通。既然是以实物作为流通方式,那么必然要花费大量的人力与物力进行产品的制作生产、包装以及运输、销售等。这些流通环节不仅要花费大量的时间,而且成本也非常高。当文化创意产业与互联网进行融合后,文化创意产品可以摆

脱实物的桎梏，以电子文件的形式在互联网上进行传播，这样不仅减少了流通环节，降低了成本，而且，文化创意产品传播的速度也大大增加了。大众可以通过网络消费文化创意产品，这也降低了文化创意产品的消费门槛。①

（二）传播渠道增加，消费增多

传统的文化创意产品通常是以实物的形式进行传播，这些实物在一些实体店中进行售卖。一般情况下，这些销售文化创意产品的实体店所在的领域都是在发展水平比较高的城市，因为在发展水平比较高的城市，才能有更多的民众购买文化创意产品。在这种情况下，这些实体店所能够覆盖的范围只是那么一小片区域，在广大的农村地区以及一些发展水平不高的城市地区，文化创意产品的传播受到了很大的限制。随着互联网技术的发展与普及，文化创意产品与互联网技术相互融合，拓宽了它的传播渠道，使得覆盖面积大大增加，这时候，一些农村地区的居民通过互联网也可以购买到自己喜欢的文化创意产品，文化创意产品的消费也就大大增加了。

（三）消费时间延长，生活丰富

之前，文化创意产品是以实物的形式存在，当人们要购买文化创意的产品时，一般要选择一个空闲的集中时间段，比如周六周末、节假日等，这也在一定程度上限制了文化创意产品的广泛传播。如今，文化创意产品与互联网融合起来，人们足不出户就可以在网络上欣赏到各种文化创意产品，而且也不用刻意地挑选集中的时间段来体验，只需要利用一些零散的时间就可以浏览到各式各样的文化创意产品，在空闲时间进行娱乐。这为人们提供了便利，大大延长了人们的消费时间，同时也丰富了人们的日常生活。

（四）创意来源增多，形成了良性循环

之前，在文化创意产品的制作过程中，往往是设计者按照自己的想法进行创作，设计者与消费者之间的联系比较少。文化创意产品与互联网联系起来，使得设计者与消费者之间的界限变得越来越小，设计者与消费者可以充分地互动，消

---

① 姚娟:《基于供应链视角的文化产业互联网应用及文化价值实现——以江苏省为例》,《市场周刊》2016 年第 8 期。

费者提出自己的建议与需求，踊跃发挥自己的创意，设计者可以充分了解到消费者的诉求，然后按照消费者的需求设计出更加符合消费者要求的产品。这种互动提升了文化创意产品的质量与数量，从而形成了一种良性循环，不断促进文化创意产业的发展。

二、文化创意产业与互联网融合的表现

目前，随着信息技术的不断发展，互联网逐渐进入到大众视野，文化创意产业也开始逐步地与互联网进行融合，在二者的融合过程中，文化创意产业也正在逐步跳出传统框架的束缚，在创新中不断地发展传承。下面对其进行简要叙述。

（一）大数据：创意灵感的海洋

目前，随着互联网技术的飞速发展，我们已经进入了大数据时代。所谓大数据技术，就是指采集各种各样的分散的数据，然后将这些分散的数据进行重新整合、处理、分析，最终找出蕴含其中的内在规律与价值的技术。

在文化创意产业中融入大数据，利用海量的大数据，可以分析出用户的行为特征，还可以不断获取新的创意，促进文化创意的创新与传承。比如，在影视剧方面，利用大数据进行影视剧的宣传与发行，通过整合、分析用户数据，从中找出适合用户的宣传方式与宣传创意，紧贴用户的心理需求，从而进行高质量、高效率的宣发。

在淘宝、京东等购物网站以及微博、百度等信息平台，也采用大数据技术等手段进行客户数据分析，不断推出符合客户需求的商品与新闻信息，改进网站布局，增加网站的活跃度。

文化创意产业，最为重要的就是文化与创意。在这个产业领域中，不能仅仅依靠大数据去分析用户的心理、迎合用户的心理需求，更重要的是要保持文化的独特性。文化产品不能总是一味地迎合消费者的喜好与需求，不能只是为了被购买而存在，而应该是有意义的，应该对人们的文化消费起到引领作用。文化创意产业与大数据技术的融合，应该在保证文化产品的意义的基础上不断创新、不断改进。

（二）社交网络：文化互动新场所

在互联网未广泛流行之前，人们进行文化产品相关的分享与创意交流往往比较困难，大多局限于地域性而不能很好地实现。随着互联网的发展，人们的文化互动有了新的场所，互动也越来越频繁。在这种互联网平台上进行文化互动，不仅突破了时间与空间的限制，还增进了人们思想的交流，有利于文化创意的广泛传播。

互联网上的信息传播速度非常快，传播范围也十分广。当一个比较新颖的文化创意发出之后，在很短的一段时间之内，就可以获得大量的关注。而且，互联网上的人员往往有着众多的身份，有时候，偶尔的一个创意就可能被一个文化创意产品开发人员关注到，经过指导与交流之后，这种前端的创意就可以成为一个真正的文化产品，加上互联网平台的广泛传播，从而受到更多人的喜爱。

而且，文化实体与社交网络相互结合，也能够有效促进文化实体的传播，加强人们之间的互动。在社交网络上往往活跃着天南地北的人群，通过社交网络，人们可以观看到世界各地的文化创意展览，浏览相关信息，增加知识，还可以与其他人一起参与讨论，进行互动。这样，文化创意产品受到了更多人的关注，知名度大大增加了，其所代表的文化创意也在人们的广泛传播中不断被更多的人所熟知。

一直以来，文化创意产业比较普遍的形式是文化创意产业园，但是这种运作形式已经不是十分适合于当今社会了。如今，人们的生活节奏越来越快，娱乐方式也越来越多，很少有人能够真正静下心来到文化创意产业园进行观赏，人流量少，这就导致文化创意产业园始终处于亏损状态。要解决这种情况，就必须要改善运作形式，跟上时代的脚步，不断创新。文化创意产业与互联网相互融合，这为文化创意产业的发展提供了十分高效、便捷的途径，同时也增强了人们的互动，不局限于地域，天南海北的人们都可以就某一个文化创意产品交流意见。

（三）网络众筹平台：获取大众融资的福地

随着信息技术的发展，互联网给人们带来了许多的便利，不仅为文化创意产品提供了许多独特的创意，还助力了文化创意产品的广泛传播，同时还为文化创意产品的融资提供了一个十分有效的平台，即网络众筹平台。在互联网上，通过网络众筹平台来为文化创意产品提供融资，就是指利用"团购+预购"的方式来向网友募集资金的模式。这种融资方式，有利于集中市场上的一些闲散资金，向那些比较难通过传统渠道融资的创业项目提供了很大的支持。目前，国家文化和旅游部及财政部等部门也发布了相关意见，重点关注文化产业发展相关的金融产品与服务。

利用网络众筹平台来筹集文化产品的资金，深入推进了文化与金融的合作，符合文化产业发展的需求特点。一般情况下，文化产品往往有十分明显的群体特征，这部分群体对于自己的文化有着十分深刻的归属感与认同感，通过在网络上众筹资金可以充分显示出这种集体的归属感，更容易获得目标群体的支持。而且在互联网上进行文化产品的资金筹集，还十分有利于文化创意产品的文化传播。在这个资金筹集活动中，文化创意项目得到了充分的展示，其中蕴含的文化也不断地传播给更多人，文化消费者也通过这个投资项目增强了自身的参与感与满足感。

三、文化创意产业与互联网融合的问题

（一）优秀原创匮乏，创意短板突出

文化创意产业，最重要的就是创意与灵感。文化创意产业与普通的产业不同，对于创造性人才的要求比较高，创意水平影响着整个文化创意产业的整体竞争能力，也影响着整个文化创意产业的发展。我国的文化创意领域的专业领军人才比较少，这主要是因为我国文化创意产业起步比较晚，而且，对于文化创意相关人才的培养机制也不完善。由于互联网中存在着一些盲目跟风的现象，文化创意产业与互联网融合之后，也容易出现一些不好的现象，影响文化创意产业的发展。一些人宣扬所谓的"改良式创新"，其实这严重制约着文化创意产品的价值显现。

（二）网络盗版频发，知产保护形势严峻

要制作一个文化创意产品，不仅要投入很高的成本，而且还要花费很多的精力，耗费非常长的时间。文化创意产业与互联网融合之后，文化创意产品的传播速度加快了，传播范围也变大了，不过，这也带来了一些不好的影响，比如，文化创意产品的网络盗版问题。由于文化创意产品是在互联网上传播，其复制成本

非常低，而且操作起来十分容易。这严重损害了文化创意产品的知识产权。文化创意产品的盗版传播使得创意主体的合法权益受到了损害，这极大地遏制了创意主体的创作动力，不利于文化创意产业向前发展。

（三）产业链结构不完善，融合方式生硬

由于文化创意产业与互联网融合的方式比较生硬，二者并没有真正地融会贯通，而仅仅是简单的组合，传统的文化创意产业的发展思路并没有得到改变，与互联网融合之后的文化创意产业的发展效果并不十分明显。这时候，互联网仅仅是被当作一种宣传工具和销售渠道，并没有在一个完整的文化创意产业环节中发挥作用，由于产业链结构不完善，互联网的一些特点并没有得到真正的发挥和利用。

（四）商业模式不成熟，专业平台缺乏

尽管一些文化创意产业与互联网进行了融合，但是这种商业模式并不是十分成熟，在互联网领域，文化创意产业的线上运营平台仍然十分短缺，很多时候，文化创意产业与互联网的融合，不过是建立了一些微信公众号、微博等账号，然后向外界输出一些信息。这时候仍然是一种信息的单向输出行为，文化创意设计者与消费者交流互动仍然十分少。由于缺乏完备的专业平台及管理，互联网上的相关文化创意产业的关注度仍然比较低。

虽然在淘宝、京东等平台上可以看到一些有关文化创意产品的相关众筹活动，但是这种众筹活动的关注度比较小，并没有获得人们的广泛参与。而且这些文化创意产品的众筹活动，仍然是一个做好的创意来供人们选择，并没有真正地考虑到消费者的相关意见，双方互动较少，在这种情况下，这些众筹活动一般成效甚微。

要想真正地实现"互联网＋文化创意产业"的商业模式，就需要首先深入理解消费者的需求，对用户群体进行诉求分析，鼓励消费者参与到文化创意产品的设计中来，让众多消费者们能够感受到参与感。当文化创意产品完成之后，他们也会由衷地产生一种自豪感。利用互联网能够促进文化创意产品的传播，鼓励双方之间的信息交互，大大促进了文化创意产业的发展。

四、文化创意产业与互联网融合的革新路径

（一）创意渠道拓宽：开发互联网大数据、IP 类授权衍生品

通过互联网大数据分析文化创意产品的用户群体，分析他们的具体需求以及消费偏好，从中获得一些灵感与创意，同时有针对性地设计出符合消费者需求的文化创意产品。

在文化创意产业内，有一些小说、漫画等由于受到大众的喜爱，积累了一些粉丝。通过利用这些粉丝的影响力，可以将这些文化创意的相关内容进行开发，授权相关的创意衍生品，发挥 IP 的商业价值，取得一些利益。

（二）营销模式与互联网热门领域融合：发展粉丝经济

近些年来，一些文化创意的相关内容大热，积累了不少粉丝，这就形成了 IP。目前，人们的消费水平也在逐渐提高，人们对于文化创意产品的相关需求也在不断增加。这些粉丝愿意为自己所喜欢的文化创意内容付费，因此，文化创意产业可与互联网热门领域相结合，也就是发展粉丝经济。比如，在文化创意产业开发时，就可以通过一些文化、地域、明星等的相关宣传，培养一定的粉丝群体。在开发产品时还要注意与消费者不断互动，了解消费者的内在心理与消费需求，开发出满足消费者需求的文化创意产品。

（三）知识产权保护：制度健全 + 宣传教育

要保护文化创意产品的知识产权，需要从两方面下手：一方面是健全制度，一方面是宣传教育。政府要建立健全知识产权方面的相关法律法规，严厉打击日常生活工作中侵犯知识产权的行为，加强对市场的监管，促进文化创意产业良好运行发展。在民众中也要注意进行知识产权的宣传教育，提升民众的知识产权保护意识，形成一种保护创作者知识权益的良好风气。另外，文化创意产业也要深入了解与掌握知识产权的相关知识，可以在文化创意相关平台上邀请法律机构入驻，为一些文化创意的主体提供知识产权方面的问题解答，切实保护他们的合法权益。

第二节 文化创意产业与商业的融合

一、文化创意产业与商业融合的意义

文化创意产业与商业相互融合,二者紧密相连,互相推进,在文化创意产业发展过程中,商业将文化创意转化为可以售出的文化创意产品,在这些文化创意产品的不断流通之中,文化理念也在不断地传播,商业理念促进了文化的传播。在商业经济发展过程中,文化创意也促进了商业品牌的发展,造就了特色的商业文化。可以这样说,没有商业,文化的传播载体和传播方式就会受到限制,文化的价值就不能得到完善。没有文化,商业的品位和内涵就会受到影响,商品辨识性就会降低,影响经济方面的回报。

在文化与商业的互动过程中,二者也在不断地相互作用、共同发展,这是一个良性循环的过程。在文化创意领域,始终要保持一个理念,那就是不能过度商业化,文化创意产品虽然也是商品,但是它与普通的商品不一样,文化作品会对社会产生影响。因此文化与商业的结合过程中,我们要考虑到这一点,文化创意产品始终是内容质量为王,商业色彩是排在它之后的。如果只考虑它的商业色彩,处处迎合用户受众的心理需求,而不能保持文化本身的独特性,将文化扭曲成一个四不像,随着时间的推移,用户受众的心理必然会受到一定的影响,不利于审美意识与文化意识的塑造。而且,久而久之,这种文化创意产品也就难免会受到用户的冷落乃至被舍弃。

二、文化创意产业与商业融合的表现

当前文化和商业的融合主要体现在三个方面。

(一)文化创意提升传统商业业态

受互联网、大数据等新一代信息技术的影响,传统商业运营模式受到冲击,传统企业借助文化元素转型升级,创新自身的商业模式,以提高抵御风险的能力。

传统出版企业转型改革,寻求跨界融合路径。如今,互联网的受众越来越广泛,它逐渐走进千家万户。人们不用购买实体书,仅仅在网上就可以浏览到各种

书籍，这对传统出版业造成了一定的冲击。传统出版企业要想改变这种状况，就需要跟上时代的脚步，努力寻求转型。传统出版业可以与互联网技术进行融合，实现传统出版与数字出版的融合发展，建设各种文化相关平台，全面打造媒体融合产业体系，推动传统出版企业与互联网不断融合。

传统书店、电影院、娱乐场所等积极引入特色文化资源，打造商务服务与休闲文化高度融合的综合消费场所。比如，中国台湾的诚品书店通过不断发展，逐渐扩展至课程、展演、出版、商场开发运营等各个产业，它以书店为核心，积极引进各种特色文化资源，促进了其一体化发展。时至今日，诚品书店发展为以文化创意为核心的复合式经营模式，诚品书店里不只有书，还包括人文、创意、艺术、生活的精神。

老字号企业传统文化内涵，开展以互联网营销为特色的拓展经营，增强老字号品牌的文化传承力和影响力。这些老字号的品牌，经受住多年的风雨仍然屹立不倒，这主要是因为品牌信誉好。以前，人们常说酒香不怕巷子深，一个好的产品，大家是有口皆碑的。但是，如今是信息化社会，瞬息万变，仅仅产品好并不一定就能够获得相应的影响力。这时候就必须顺应时代的发展，与互联网融合，不断提高品牌的影响力。这些老字号的品牌，产品质量过硬，要想立稳脚跟，一定不能忘记宣传与营销，以免人们淡漠了关注。这些老字号企业与互联网融合，不仅能增强其影响力，同时还能拓宽销售渠道，对其文化传承有着十分特殊的意义。

（二）文化创意培育创意商务服务

在"双创"热潮的带动下，各种创业服务平台如雨后春笋般一批批地冒出来，这些新型的创业服务平台响应国家政策，顺应社会趋势，受到了各地政府的号召、扶持乃至投资机构、开发商的追捧。

由于国家政策的带动，这些新型的创业服务平台的数量逐渐增多，众创空间投资者背景多样，其中主流为科技互联网企业如腾讯、百度，科研院校如清华大学、北京大学，投资机构如联想之星、创新工场等。此外，也不乏以当代置业和SoHo中国为首的房地产开发企业等不同背景的投资者。

正是由于这些创业服务平台的大量出现，车库咖啡诞生了。它是一间咖啡厅，主要为那些创业者服务。他们在车库咖啡厅点一杯咖啡就可以在这里停留一整天，然后创业者可以拿着项目与其他投资商进行讨论，也可以与其他人进行交流。可以说，车库咖啡不仅是创业者的低成本办公场所，也是投资人的项目库。车库咖啡的核心是资源整合和项目孵化，车库咖啡整合了无息贷款、免费服务器、办公设备等资源。在项目初期，创业者往往可能会缺乏相关知识与指导，或者缺乏某种资源设备等。车库咖啡可以给创业者提供他们想要的资源以及对应指导和支持，帮助项目孵化，从而使这些项目能够更加准确地投入市场。

每年来车库咖啡的创业者有6万人次，1200多个创业团队，举办大型活动300多场，每天常驻团队13到15个，创业团队之间的联合近20家。从2011年成立至今，有将近130个团队得到了投资，其中魔漫相机、极飞科技、掌游科技等都是从车库咖啡走出的创业典型。

文化创意产业与商业进行融合，还应该以用户需求为导向，然后根据用户的需求来提供相应的服务。在线票务就是其中的典型代表。

在线票务是在信息化渗透传统行业、人们消费习惯发生改变以及网上支付业务配套完善的条件下产生的。它突破了传统票务的销售模式，借助技术、资金与资源优势谋求从信息获取转型服务的连接。以电影在线票务平台为例，当前，中国在线电影平台售出票房收入占总票房收入的大多数，大部分的票房都来自电影在线购票。电影在线票务产生的巨大资金流同样吸引了BAT（百度、阿里巴巴、腾讯）的注意。这些公司开始投入资金，打造产业生态链，不断拓宽发展道路，推动中国电影的升级。

（三）文化创意创造商业产品价值

商品除具有使用、消费的特征外，如果能被赋予更多文化内涵，增添更多中国元素，将大大提高商品的附加值。将商业产品附加文化属性已成为当前商品市场的普遍做法，在设计商品时，首先赋予它文化创意与内涵，通过呈现这个文化创意与内涵来改变它的外在形式，使它能够符合现在的生活形态，同时使用户能够感受到它蕴含的文化内涵，从而获得视觉与精神的双重享受。比如，为了让更多的人了解故宫文化，通过对现在社会上不同年龄段的人群进行需求调查，并对这些人群的需求整合与分析，创造出符合大众需求的故宫文化创意产品。另外，通过对这些用户人群进行分析，还可以了解他们的兴趣喜好、性格特点等，然后根据他们的这些特点来有针对性地对文化创意产品进行宣传和营销。近些年来，故宫博物院设计了多个与故宫文化有关的文化创意产品，如故宫娃娃、朝珠耳机、编钟调味罐等十多个文化产品系列，深受群众喜爱。故宫博物院设计这些文化创意产品不仅获得了一定的收益，同时还弘扬了中华传统文化，文化创意产品的开发成为推动传统文化传播与发展的重要力量。

三、文化创意产业与商业融合的革新路径

（一）细致优化产业链，增加产值

在文化创意产业中，目前还存在着一个问题，即文化创意产业的相关价值还没有得到完全的开发利用。要解决这个问题，就需要细致优化产业链，合理开发利用资源，创新文化创意产业的商业模式，使其运作形式逐渐立体化发展，不断增加产值，提升整体产业的竞争水平。

（二）以满足客户的需求为发展目标

在商业领域中，要重点关注用户的需求，制作出符合用户需要的商品。这样才能够不断提高企业的竞争力，增加销售产品的数量，获得更多的利益。当文化创意产业与商业融合之后，也需要通过各种途径去了解客户的真实需求，通过分析自身产业以及客户需要，正确找到在市场上的准确定位，在设计文化创意产品时，除了要符合文化本身的特性外，还要尽可能满足客户群体的需要，使客户能够与产品产生共鸣，从而不断提升文化创意产业的利润。企业要实现利润的提升，就需要充分分析用户和市场，使产品符合用户的心理需求，满足大众的消费需求。

（三）充分借助资源，强化管理

一般情况下，单独的文化创意产业的市场比较饱和，这就需要充分借助资源，将文化创意产业与其他产业结合起来，形成交叉运作，不断扩大文化创意产业的涵盖范围。另外，还可以与投资企业进行资金结合，不断提高产业的竞争力，促进企业的发展。在文化创意产业也要对其传统模式进行细化深耕，强化管理，不断坚持挖掘出更加适宜市场化的内容与形式，不断创新。

（四）积极开发国外市场

中国人口众多，经济发展水平相对较高，是一个巨大的市场，但是，文化创

意产业不能仅仅局限于国内的市场，还要积极开发国外市场。目前，全球化趋势明显，各国之间的交流也在逐渐增加。在这个开放的环境下，文化创意产业更应该追随经济全球化的脚步，将中国文化推向世界。现在，欧美大片、日本动漫等相关产业都在世界上有一席之地，作为人口大国，同时也是文化大国，中国更应该不断发展文化创意产业，打开世界的大门，让全世界都能够关注到中国优秀的传统文化，不断增加国际市场的竞争力。

在全球化背景下，中国的文化创意产业要想走出国门，走向世界，就必须要不断发展自身，强化优势，改进不足，要洞悉用户的需求，挖掘中华传统文化的闪光点，创造出独属于中国的品牌，向世界人民展现出中国文化的整体形象，不断提升中国文化创意产业的核心竞争力。

第三节　文化创意产业与新农业的融合

一、文化创意产业与新农业融合的基础

在农业发展过程中，将农业与文化创意产业融合，这是农业发展的新方向，关于二者的融合，主要可以从以下三个方面来展开叙述。

（一）农耕文化的多样性

自古以来，中国就是农耕民族，百姓们种植粮食、靠天吃饭。农耕经济，是一种传统的自给自足的自然经济。农耕文化，就是在种地耕田等农业生产实践活动中创造出来的一种文化。这种文化独属于农业社会，是与农业有关的物质文化与精神文化的总和。农耕文化包含了在农业生产实践活动中人的思维方式、行为观念、价值取向等。

我国地域辽阔，地貌特征多样，而且历史悠久，在这个基础上形成了多样的农耕文化。在不同的历史阶段以及不同的地域中，农事节日习俗、饮食文化、农业思想等也都是有差异的。由于农耕文化的多样性，文化创意产业与新农业具备了融合基础。

（二）新农业的多功能性

一般情况下，农业具有多重功能，其中，被普遍认可的主要有三种，分别是生产功能、生态功能和生活功能。

粮食是人类赖以生存的必需品，人们从事农业的主要目的是获取粮食，因此，农业的生产功能是其最基本的功能。农业是生态系统的一部分，作物的生长需要受到太阳光的照射，还需要土壤环境和水。农田里有微生物将有机物分解成无机物等，因此，农业也具有生态功能。现如今，社会在不断地发展，随着物质生活条件的提高，人们对于精神上的需要也提出了更高的要求，旅游农业、观光农业等应运而生。这展现出农业的生活功能。

在不同的农业发展阶段，人们对于农业的功能认识是不同的。起初，在传统农业阶段，人们在农田里进行劳作，只是为了获得粮食，让一家人不至于饿肚子。这时候，生存需要还没有得到满足，人们只能考虑到农业的生产功能。随着社会的发展，人们的物质生活水平提高了，人们不再满足于简单的物质生活需求，而是转向了精神生活需求方面。在新农业阶段，农业的生态功能与生活功能更加受到人们的关注。除了上面三个比较普遍的功能外，农业还具有其他功能，比如，某一区域的农业就具有服务于全国的服务功能。如今，随着人们精神需求的不断拓展，文化创意产业与农业的融合逐渐成为可能。

（三）消费需求的多样化

如今，人们的生活水平提高了，物质生活需要也得到了很大的满足。随着社会的不断向前发展，人们的消费领域逐渐越来越多样化，而且逐渐从物质生活领域转向文化生活领域。对于文化创意产业来说，这是一个机遇。

相比起之前消费行为上的趋同性，现在的消费者们更加看重产品的个性化需求，不再像之前那样跟风购买产品，而是开始追求个性化与差异化。文化创意产业销售的是文化创意产品，在文化创意产品中添加了丰富的创意与内容，这就展现出它的独特性。因而在设计文化创意产品时，要以消费者的需求为导向，不断创造出符合用户需求的文化创意产品。在这个过程中文创产品也成为文化的承载者，其观念价值逐渐升高。

二、文化创意产业与新农业融合的意义

新农业实际上是以农业、农村、农民为主导性要素，融合工业、旅游、文化、商贸、物流、创意、娱乐、博览等关联产业中的一个或多个要素形成的复合型产业。在新农业的发展中，融入文化创意产业，具有重要的价值。文化创意之于新农业，是一种资源的注入，一种智力要素的支撑，也是一种业态的融入。

（一）能够为新农业发展拓宽视野

发展新农业，首先要对农业的价值有多维度的认识。农业是最古老的产业，是国民经济的基础产业，其基础地位首先体现在"民以食为天"，农业解决的是人的基本生活需求问题。其次体现在农业是"母亲产业"，农业为轻工业以及现代生物产业等众多行业提供原料，是这些产业的起点。同时，农业是地球上最大的生态系统，是人类生存的基础。农业还是文化传承的重要载体，承载着人类群体在漫长的农耕时代积累的珍贵记忆和丰富智慧。农业的基础地位，揭示了农业发展对于满足人类食物需求、工业发展、生态保护和文化传承的重要意义和价值。

新农业发展的前提，是在对农业多维价值认识的基础上产生产业跨界融合的创意性思路，特别是要充分关注农业在与现代技术相结合、与现代生活相适应的过程中所产生的新的可能、新的价值，如农业与现代生物技术相结合，形成生物能源产业、生物医药产业、生物新材料产业、新型保健食品、功能食品产业等，农业与工业化、城市化发展趋势相适应形成观光农业、休闲农业、养老农业，农业与电子商务结合形成智慧农业，农业与节庆娱乐结合形成农事节庆、农业嘉年华等。

（二）能够为新农业发展提供文化资源

文化创意融入新农业，融入的首先是文化资源。一是产品文化，诸如有特色的制作工艺、有特色的生产习俗等；二是民俗文化，有特色的节令节庆、饮食文化等；三是乡土文化，独特的自然环境、建筑人居、村规民约等。这些可以勾连起人们的乡愁、记忆的要素，既可以提升产品的文化价值，也可以增强产业的吸引力。

（三）能够为新农业发展提供智力支撑

新农业是一种现代产业，不论具体采取哪种业态，都离不开智力的支撑。智力对新农业发展的支撑，主要体现在三个环节。

一是产品的创新性开发。社会始终在不断地发展，人们的生活也是瞬息万变，在新农业中，要不断地创新产品，才能够满足时代发展的需求。而农产品要想不断创新，必须要具备创意思维。只有拥有了独特性的创意，才能够促进农业产品的创新性开发，从而获得更多消费者的喜爱。在以往的农业研究中，这一方面的工作一般被称作"创意农业"。

二是产业和产品的品牌化运作。结合目标消费市场，对产业和产品进行品牌定位，利用现代化媒介手段展现品牌形象，传播品牌价值。这一方面的工作，在农业研究与实践中，被称作"品牌农业"。

三是通过现代信息网络和电子商务平台进行农业产品销售。这项工作可称之为"智慧农业"。"创意农业""品牌农业"和"智慧农业"都体现了创意和智力对新农业发展的支撑作用。

（四）能够为新农业发展提供业态支持

从大的产业门类来看，新农业主要有三种形态：一是"接二连三"的全产业链融合，二是以工带农、"以二带一"的农业产业化，三是以文化、旅游等第三产业带动的"隔二连三"。

这些形态中，除了单纯的农业产业化外，都侧重第三产业的融入。具体体现在实践中，新农业大多是融合了文化创意产业的业态，如观光、休闲、度假、餐饮、节庆、博览等。这些业态有的在新农业产业链、综合体中居于主导地位，有的处于支持地位，但对于新农业的发展都是必不可少的。

总之，新农业要发展、要突破，就应该积极引入文化创意思维，积极引入文化创意资源，积极开发文化创意业态；同时，农业、农村、农民的广阔天地，也为文化创意要素、产业提供了丰厚的土壤和发展壮大的根基。

三、文化创意产业与农业融合的表现

在我国传统农业中，人们日出而作，日落而息，在四季更替中进行农田的耕种，日复一日，年复一年。现如今，在我国农业领域，很多人还是奉行着这种思想，但是随着社会的发展，农业也应该要不断地转型升级，寻求一种新颖高效的发展模式。文化创意产业与农业进行融合，通过文化创意的思维逻辑，不断创新，不断发展农业生产，二者相融合产生的文化创意农业，是现阶段一种十分理想的农业发展模式，具有十分广阔的发展前景。文化创意产业与农业进行融合，主要可以分为两类，下面对这两类分别进行叙述。

（一）专业型文化创意农业

1. 农产品农场

农场，一般是指利用规模器械进行劳作生产、从事农业种植和畜牧业养殖的一种农业生产单位。文化创意农产品农场，就是指以文化创意农产品的批发售卖为盈利手段的农场。在文化创意农产品农场中，人们通常进行文化创意农产品的开发与种植，其规模大小不一。

2. 农艺工坊

在农艺工坊内，人们设计、制作文化创意农产品以及工艺品等，然后通过销售这些产品来进行盈利。这也是专业型文化创意农业的一种表现形式。

3. 农品专营店

农品专营店，是指专门售卖某些农产品的店铺。它通过售卖这些文化创意农产品、农业工艺品等来进行盈利。一般情况下，这种店铺售卖的产品类型主题性比较强，因此规模比较小，主要在城市的某些地方或者某些旅游服务区内。

（二）综合型文化创意农业

1. 主题农庄

相比起专业型文化创意农业，综合型的文化创意农业的内容更加丰富。主题农庄，就是指以农庄为主题进行的一系列的特色活动体验，它是一种休闲农业开发模式。今天，人们的生活节奏逐渐加快，越来越多的人日常感到生活疲累，对任何事物都提不起兴趣。这时候，他们可以放下繁忙的工作，来到主题农庄中享受美好的田园生活。主题农庄主要以农业要素为主体，具有菜园、花园、果园、牧园等多种不同的类型，可以为消费者提供丰富的经历体验与情感体验。消费者们可以在主题农庄内进行观光游览，也可以参与到农事活动中来，进行农工艺品的制作等，获取到与平时不一样的经历与体验。

2. 亲子农园

亲子农园，其功能主要是供父母与孩子进行游乐，增进双方之间的关系。在这种亲子农园模式中，有农作物、农事活动、畜牧动物等，父母与孩子可以参观生态农业景观，也可以参与到农事活动中来，融入其中，感受不一样的乐趣。

3. 休闲农牧场

休闲农牧场，顾名思义，就是说其中既有农业相关项目，也有牧业相关项目。在休闲农牧场中，其主要目的是农业种植与牧场养殖。除此之外还有休闲娱乐的服务模式，消费者们也可以到休闲农牧场来进行参观与体验。

4. 酒庄

酒庄，其主要的功能是酿酒，在酒庄内人们可以观察体验制酒过程中的一系列工序，即从起初的葡萄种植酿酒到酿酒制作生产以及之后的品酒等。

5. 现代农业示范园区

现代农业示范园区，主要是以高效的生态农业为主，同时还提供给人们参观、体验服务。这种现代农业示范园区，是国家进行中国特色化建设的重大举措，通过改革农业生产方式，加快实现农业的现代化，促进文化创意与农业的融合与发展。

在农业中融入文化创意，带来了更多丰富的产品，同时也增加了更多的乐趣，提高了产品的价值，增强了农业产业的发展竞争力。

第四节 文化创意产业与制造业的融合

一、文化创意产业与制造业融合的意义

我国是"世界工厂"和制造业大国，早在 2010 年，中国就超过了美国，成为全球制造业第一大国。但是，要成为世界强国，追赶上欧美国家的脚步，就必须要摆脱粗放型的传统制造业发展模式，不断寻求经济转型。这时候，制造业与文化创意产业相互融合，具有十分重要的意义，能够开创中国制造业转型升级的新路径，提高制造业的文化附加值。

一方面，文化产品的增值离不开加工制造业。

文化产业主要是为了满足人们的精神需要，文化产品不能独立存在，必须要借助于一定的媒介才能被人们传播与观赏，这些媒介可以是书籍、画册、碟片、电视、网络等。文化产品通过媒介向全社会提供文化相关服务。因此，文化创意产业离不开加工制造业。

文化及相关产业的活动主要有六种，分别是文化产品制作和销售、文化传播、文化休闲娱乐、文化用品生产和销售活动等。

在这六类文化产业活动中，与制造业有关的是文化产品制作以及文化用品的生产。在制造业生产中加入文化创意，能够提升产品的价值，而且文化产品和用品生产制造的设计理念、效率、质量与方式等影响着消费者的消费感受，制作工艺中还要吸收文化产品的文化元素与品牌价值，文化产品的制作能力是文化产品品牌的延伸，决定了创意产业的盈利能力。

另一方面，在制造业的各个环节中，文化创意产业的相关元素也在不断地渗透其中。

文化创意产业与制造业的融合，主要表现在如外观设计、展示设计、制度设计、组织结构设计、盈利模式设计等工业设计、品牌策划以及品牌营销推广等领域的价值创新要素投入，将文化元素和创意思想融入制造业价值链研发和设计等环节。创意设计为传统制造业注入文化与时尚的元素，所带来的改良性创新可以重塑市场和产业边界，不仅增加了制造业的文化附加值，使制造业结构更趋于柔性化，也将帮助企业实现产品的差异化。

因此，随着文化创意产业与制造业的深层融合，双方之间的交流更加密切，互惠互利，文化创意产业不断向着更深层次、更高领域发展，中国的制造业也在不断地转型升级之中。

二、文化创意产业与制造业融合的表现

近些年来，文化创意产业与制造业不断融合，逐渐形成了几种比较主流的模式，分别为"文化创意＋传统工业产品""文化创意＋传统制造企业""文化创意＋传统工业园区"，下面对其进行简要叙述。

（一）"文化创意+传统工业产品"

文化创意产业与制造业融合的一种模式就是"文化创意+传统工业产品"。首先，要调查、分析市场上的相关需求，然后根据这个需求创造出符合市场的工业产品；在工业产品的宣传销售过程中，将文化创意赋予其中，不断增加传统工业产品的附加价值，进行品牌营销，从而实现创造业的转型升级。

这种"文化创意+传统工业产品"的融合案例有很多，而且有一些已经做出了不小的成绩。比如，东莞唯美陶瓷公司就是在不断探索文化创意产业与制造业的转型升级中日益发展的。

"文化创意+传统工业产品"这种模式使工业产品逐渐由规模化、标准化转向个性化、定制化，这不仅满足了消费者群体的心理需求，还大大增加了产品的魅力，提高了商品的附加价值，使产品能够获得更高的经济效益。对于消费者与生产企业来说，可谓是互惠互利。

（二）"文化创意+传统制造企业"

如今，互联网技术飞速发展，给各行各业带来挑战的同时，也带来了不小的机遇，在这个背景下，传统制造业也在不断寻求改革与转型，力求促进产业的发展。这些传统制造业往往在行业领域中比较具有前瞻性，在互联网技术发展之际，开始寻求与其进行融合的机会，凭借着信息、资源、人才等优势，打造出一个行业综合服务平台，从而实现产品制造企业的转型。

在这个"文化创意+传统制造企业"模式中，有两个比较著名的例子，就是深圳雅昌和珠江钢琴。雅昌原本只是一个高端艺术品的印刷加工企业，在进行转型战略调整之后，通过将自身的艺术品相关资源与技术和互联网进行融合，搭建出了一个网上商业平台。这个商业平台覆盖了艺术的全产业链，主营艺术教育培训、互联网艺术信息服务、高端艺术印刷等，受到了人们的广泛关注。

珠江钢琴是乐器制造业的龙头企业，就是通过与互联网进行融合，从而创造出一个综合性的服务平台，从进行乐器的制造转到音乐教育等艺术服务领域，这种融合就是通过它本身的资源然后借助互联网进行产业链的延伸，从而不断促进产业发展的。

(三)"文化创意+传统工业园区"

在我国城市各处有很多老旧的工厂。这些工厂往往外观比较陈旧,影响环境,但是,将这些工厂与文化创意相结合,却能够发挥出意想不到的效果。这些工厂经过改造之后成为城市里的一道风景线,它们由单一的工业制造空间逐渐转为多元的文化创意空间,助力着城市文化产业的发展。人们通过观赏这些文化创意产业园区,可以了解到当时工业的发展以及某些产品的工艺制作流程,不仅增长见识,而且还助力文化发展。

这样的例子有很多。比如珠江边的珠江啤酒厂,原本是制作啤酒的工厂,后来与文化创意相融合,现已转型为一种文化景观,供人们认识、了解当时的啤酒文化。还有中山的伊泰莲娜首饰工业城,也已经转型为我国第一家首饰文化主题公园,接待来自全国的游客,受到人们的喜爱。

文化创意产业与制造业融合的模式有很多,除了上述这几种之外,还有智慧型文化科技旅游产品、高科技文化主题园等。在制造业转型发展过程中,与文化创意产业相融合无疑是一种性价比极高的方式。

第五节 文化创意产业与旅游业的融合

一、文化创意产业与旅游业融合发展的理论基础

旅游业是指以旅游资源为基础,凭借科技、文化和艺术等手段,对自然旅游资源、人文旅游资源和社会旅游资源进行开发、拓展并进行产业化运作,最终获取综合利润的产业。

旅游业是一个综合性较强的行业,人们到达一个地方游览参观,其中经历了许多环节,首先便是要乘坐交通工具到达租住地,然后游览参观目的地,之后还有住宿、餐饮以及休闲娱乐方面的消费。这些不同的环节构成了一条多样化的旅游产业链。旅游业原木就是一个具有较强渗透性的产业,大致囊括了大部分的服务行业,因而具有较强的整体性和融合性。

文化创意产业与旅游业相互融合，构成了文化旅游。所谓文化旅游，就是指以历史文化遗存、自然风光为基础进行资源拓展或者以文化活动作为核心产品的旅游。

文化旅游是一种动态体验性旅游，以文化创意为灵魂，将旅游经营者创造的观赏对象和休闲娱乐方式作为消费对象和消费内容，从而使旅游者获得富有文化内涵和深度参与等旅游体验的综合性旅游活动集合。与之相关的活动，我们将其命名为"活动经济"。由活动经济所形成和促进的旅游形态则为文化创意旅游，主要以动态性和体验性为主要特征。文化旅游是近几年出现并逐渐流行起来的新兴旅游形态，它的出现与人们的生活方式和旅游需求的转变有着密不可分的联系。

文化创意元素与旅游业的融合催生了一个个新型的文化消费需求，开发和培育出需求不同的文化消费群体。由于人们文化水平、经济收入、社会背景的不同，人们对于文化产品的认识和理解、消费需求与选择也就不同。现代社会是强调个性体验的社会，拥有较高参与性、体验性的文化产业新业态，一进入市场便不断地吸引着一大批消费群体。人们对于文化创意产品有着较高的需求欲望，这便形成了一个新的文化消费市场。文化旅游将难以表达的文化创意形象化和内涵化，使人们能够在众多的市场消费中感受到文化创意带来的未曾有过的新鲜感。

二、文化创意产业与旅游业融合发展的现实逻辑

随着新型旅游形态——文化创意旅游的出现，旅游业的社会文化诉求逐渐增强，旅游的非商业化也成为人们新的关注热点，而正是因为旅游的非商业化趋势，人们才不得不站在经济圈的外层来看待旅游，看待文化创意产业与旅游业两者之间的相互关系。

（一）供给侧的融合逻辑

如前所述，对于文化创意产业所包含的领域，世界各个国家和地区对其都有各自的定义和划分。这里，我们需要明确的是产业融合作为旅游业的发展趋势，将文化创意渗透到旅游产品的设计、开发和产业链的打造、延伸等方面，能为旅游业的发展提供新的思路与新的方向。

因此，我们将文化创意产业与旅游业的关系简单地归纳为以下两种。

一是包含关系，即文化创意产业包含旅游业。创意产业为旅游业提供文化创意，从而延伸旅游业的产业链，文化创意产业内容的创新与演进为以自然资源、人文资源为依托的旅游业提供了更为丰富的文化内容，为旅游业发展的创意提供活水之源。

二是隐含关系，即文化创意产业中的产业与旅游业相容。旅游业是文化创意产业的载体，文化创意的理念丰富了旅游业的内涵和外延，旅游业的发展为文化创意产业提供了契机和载体依托。创意产业在传统旅游业的基础上，融入时代特色和创意元素，以人们的体验性诉求为导向，对传统旅游业进行包装和创新，在进一步促进旅游业发展的同时，也为自身赢得了较为广阔的发展空间。

（二）需求端的融合空间

1. 个性体验需求

旅游需求作为旅游业发展的驱动力，不断促进旅游业的进一步发展，旅游者则越强调他们对于旅游的参与性与动态性，对于旅游产品需求的多样性，因而，个性化的体验游便成为旅游业发展的一个新趋势，"体验"一词也就与旅游业紧密地融合为一体，而这种融合恰恰需要文化创意因子的融入，使旅游业突破原有界限，在旅游产品的设计中体现创意元素，通过对原有的旅游活动进行优化重组、整合及创新，不断丰富旅游产品，能够更好地满足旅游者的心理需求，旅游者也能够更多地参与进来，获得更好的情感体验。

由此可知，为了更好地满足旅游者这种个性化的体验性需求，文化和创意等元素被融入旅游业发展的资源整合、活动的体验性设计、旅游产品开发等各个方面，文化创意的作用对旅游业的作用越来越显著，成为旅游业提高竞争力的一种重要手段和方法。

2. 文化体验需求

文化体验需求，也就是人们的精神体验需求，与物质需求恰好相对，目前，人们的文化体验需求逐渐加大。在旅游业发展的过程中，游客的旅游动机也由传统的观光游览转变为文化需求。旅游业的发展必须以自身的旅游资源禀赋为基础，融入其中的创意元素也要以其为依托，丰富和多样的旅游资源为文化创意产业和旅游业的融合提供了广阔的空间和无限的可能。自人类社会文化产生伊始，创意就从来没有游离于人类的文化范畴之外，文化的多样性是创意呈现出多种形式的前提条件。旅游业自身所拥有的自然资源、文化资源也成为创意产业取之不尽、用之不竭的创意资源后台。

文化旅游在发展过程中，不断向其他领域渗透，使得一切关于文化旅游的产品获得了文化和内涵的价值认同，同时文化因素和创意因子也不断地融入旅游产业的其他领域，文化旅游的内涵不断地深化，外延也在不断地扩大，注重参与性、体验性和文化性的旅游形式吸引了更多的游客。随着人们旅游经验的积累和旅游经历的丰富，越来越多的旅游者对新的旅游业态提出了更高层次的文化需求，而这种高层次文化需求的实现，则需要文化创意因子的不断融入。

三、文化创意产业与旅游业融合发展的意义

①文化创意产业与旅游业融合发展，能够推动旅游模式转型，打开旅游业发展新局面。在全域旅游的大平台上，文化创意与旅游业全面对接、强力渗透、有机融合，将有力地推动旅游业的创新发展。

②文化创意产业与旅游业融合发展，能够带来旅游发展新思路。上海崇明区在打造"世界级生态岛"的规划中，着力强化文化对区域景观特色的形塑价值。全岛以中国元素为特色，塑造由中国式空间、中国式审美和中国式秩序构建的整体风貌；中观建造凸显江南韵味，以水为脉，以精为美，再现江南特有的旖旎水乡、白墙黛瓦，辅之以崇明岛特有的海岛风情、海岛景观，形成以生态为核、以文化为根、以海岛为特色的区域环境。

③文化创意产品与旅游业融合，极大地丰富了旅游的业态和产品。比如，工业文化旅游基地、养老旅游基地、旅游产业集聚区等等。这些丰富多彩的旅游新业态，能够吸引更多的人参与其中。

④文化创意产业与旅游业融合发展，能够打造更多的旅游样式。在文化创意的引领下，修学游、休闲游、度假游、养生游、养老游等以文化为吸引物的旅游样式不断出现，有力地带动了旅游业的发展。

⑤文化创意产业与旅游业融合发展，能够挖掘旅游新价值。比如，被誉为华夏文明摇篮的山西，历史悠久，文化灿烂，山水灵动，是文化资源大省，但文化旅游产业实力不强，文化创意产业薄弱。山西省针对这种现状，着力推动文化创

意与旅游产业融合发展,提出了"建设富有特色和魅力的文化旅游强省"的战略目标,努力推动从文化资源大省向文化旅游大省升级。

总之,在全域旅游的大平台上,推进文化创意与旅游业的融合发展,以文化创意凝练特色主题,开发精品项目,打造旅游品牌,提升区域文明水平,可以为旅游业升级加油蓄力,为文创产业发展开辟蓝海,为区域整体发展提供强劲动能。

四、文化创意产业与旅游业融合发展的实现途径

旅游与文化创意的互动融合,是对于自身产业价值链的细分与再认识,依靠创意因素的融入和新的科技手段,以价值链融合或延伸的方式,对原有的资源和活动进行优化重组、整合及创新。这种互动融合有利于产业价值内涵的提升,有利于资源的可持续发展。与此同时,旅游业也借助文化创意的推动,以负面影响最小化、利润最大化的形式来实现旅游业和文化创意互动融合的共赢。

我们可以简单地列举出文化创意与旅游业之间互动融合的几种形态:文化演出、文化型主题公园、历史文化古城、文化节庆等。文化产业以文化创意为基础,旅游业的发展依赖于旅游创意持续的吸引力。文化创意产业与旅游产业相互融合,是建立在旅游产业的相关资源之上,以旅游产业的资源为基础,融入一些文化创意,从而推出具有全新文化内涵的旅游业态和旅游产品,不断吸引更多的游客,扩展旅游业的发展空间,从而进一步实现文化创意与旅游业的互融。

(一)创意优化资源组合,打造品牌影响力

旅游业是以旅游需求为驱动力的产业,旅游体验是旅游过程的核心。旅游业又是在其自身特有的资源的基础上建立起来的依托型产业,旅游资源包括自然资源、人文资源和社会资源等。我们要将旅游产业与文化创意产业融合起来,用创意挖掘具有特色的文化旅游资源,将创意因子融入旅游发展之中,通过一定的技术手段对旅游资源进行综合性的开发、加工,并进行深层文化价值的探索、研究以及创造性的整合,从而实现旅游资源的优化组合,二者互相作用,互惠互利,不断推动文化旅游活动的发展。

文化旅游产品作为旅游景点的衍生品,在开发、包装和设计上,要注重以下三点:第一,要找准切入点,选择与旅游景点相适应的文化旅游产品,同时还要

符合游客的心理需求，突出产品的层次性；第二，要提炼主题，对于不同的旅游景点选择不同的表达主题，突出产品的系列性；第三，要注意产品的文化内涵应丰富，突出产品的高品位性。同时，要通过创意思维和新技术使旅游资源和创意产业实现较好的互融，凸显出旅游景点的丰富文化内涵，使旅游者在获得审美体验的基础上感受到丰富的情感体验开发出层次性、系列化和高品位的文化旅游产品，并以全新的表现方式展现在游客面前，将文化旅游的参与性与体验性发挥得淋漓尽致，以期增强旅游者的旅游体验和文化体验，使创意产业和文化旅游互动融合，从而提升文化旅游品位，使旅游产业增值，使内涵充分发挥，增强核心竞争力，打造出具有特色的文化旅游品牌和产业品牌。

（二）创意促使环境优化，提高旅游吸引力

随着社会的发展和人们文化旅游品位的提升，文化旅游地区的主管部门一方面要加强宏观调控，把工作重点转移到规划、指导、协调和监管上，实现职能转变，遵循政企分开的原则，建立新型的政企关系；另一方面要加强规划衔接，做好统筹管理，促使环境美化，提高旅游吸引力。

财政、税务、人事、国土、工商等部门要树立大文化观念，克服部门分割的弱点，认真落实文化产业发展规划和各种政策措施，简化办事程序，提高办事效率，提供优质服务。

当地政府应把全面实现文化创意和旅游业的互动融合、开发利用规划作为其任期目标之一，并进行考核评比，对那些重大文化旅游项目建设的完成情况，如文化旅游景点环境优化、安全管理工作、区域内文化旅游配套项目和环境建设情况等方面制定切实可行的考核指标体系。

此外，我们不应忽视对旅游产业的文化和人文内涵的挖掘，将创意融入文化、旅游，创新思想，使旅游的整体环境得到较大程度的改善和提升，处处有创意，景景显文化，以满足文化旅游的主体性体验需求和文化需求，增强游客精神和心灵的体验和感受。

（三）创意促进人才培养，发挥人才竞争力

文化创意产业与旅游产业相互融合，二者共同作用，不断促进文化旅游产业的发展。在文化旅游产业中，创意相关人才十分重要。文化旅游景区可通过和各

大高等院校、科研机构及兄弟单位部门的横向联系建立合作关系,在文化旅游科研和教学领域有计划地为本区培养、培训专业人才,并对文化旅游景区内现有的从业人员进行分期培训、深造,提高从业人员的素质和能力。可吸纳知名专家、教授作为文化旅游景区的旅游顾问,定期邀请专家座谈,为当地文化旅游业出谋划策,提高文化旅游的品位及档次,并利用专家的影响力扩大其知名度。

根据当地旅游资源的实际情况,可以采取适当的方式寻求创意人才。比如,采用高薪聘请、无形资产投入、柔性流动等方式,有目的地引进一批文化旅游经营管理、形象策划的高级专业人才。

在引进创意人才之后,当地政府可以采取相关措施以留住这些人才,比如给予他们一些优惠政策,为他们提供优质服务等。为了调动他们的积极性,甚至还可以给予他们一些股份利益。同时,政府还要建立文化人才的相关数据库,建立文化人才市场,促进文化人才的培养与流通为人才有序流动创造良好环境,发挥人才竞争力,从而提高其整体水平,使文化旅游的规划和发展更加科学,实现文化旅游业跨越式发展。

(四)创意升级产品消费,激活市场消费潜力

旅游业具备从生产、分配、交换到消费这一社会生产总过程的完整环节。在旅游业发展过程中,要想吸引更多的游客,就需要不断创新文化创意,丰富旅游产品的文化意蕴,另外,还需要进一步提高市场意识,坚持先进的营销理念。

首先,要强化产品竞争优势,用创意思维生产文化旅游产品,打造成具有体验性、参与性的特色文化旅游产品。

其次,对于旅游市场的开发与维持,要依靠和构建较强的产品质量和品牌忠诚度,综合采取多种营销手段,针对不同的旅游产品以及不同的消费人群,采用差异化的营销策略来满足不同的文化旅游消费需求。

最后,旅游业依托文化创意实现搬运效应,创造较高的经济效益。文化创意可以提高旅游产品消费中文化的含量和文化内涵,不断促进文化消费的结构转变和升级,从而带来消费方式的变化。文化创意旅游可以激发旅游者的潜在消费欲望,丰富旅游消费层次,不断挖掘出旅游市场的消费潜力。文化创意产业与旅游产业相互融合,能够满足游客的心理需求,吸引更多游客前来,还能够促进文化旅游业的结构优化和升级,不断促进文化旅游产业的发展。

五、文化创意产业与旅游业融合发展的经典案例

人们到各地进行旅游，选择目的地的理由主要有这几种，比如，风景优美，能够舒缓身心，放松心情；历史文化意蕴丰厚，能够感受到中华传统文化的优美意境等等。由此可见，文化创意产业与旅游业相互融合，能够促进旅游产业的发展，为旅游产业带来生机和活力。近些年来，文化创意产业与旅游产业相互融合，创造出了许多经典案例。下面以城市山水间的红色大典——《蒙山沂水》为例，进行具体阐述。

山东省临沂市拥有得天独厚的自然环境、丰富的历史文化遗产以及灿烂的红色文化，沂蒙文化更是临沂市的一张名片。《蒙山沂水》就是临沂市依靠自身文化与环境优势打造的大型风情歌舞演出，也是国内首部红色大典、北方首次内河深水大型实景演出。2006年推出的《蒙山沂水》室内版获得了社会各界的热烈反响，随后，临沂市在此基础上，充分汲取有益经验，并融入时代元素和流行文化，推出了大型水上实景演出《蒙山沂水》。《蒙山沂水》充分结合临沂特色，依托沂河两岸的现代城市景观以及自然环境风光，依傍沂河中心岛的优越地理位置，将声、光、电、水、景、人、服、泉等各种科技和艺术手段巧妙地结合在一起，演绎出具有时代特色的沂蒙新印象。

（一）《蒙山沂水》项目创意渊源

1. 多元化的文化积淀

大型水上实景演出《蒙山沂水》的推出，与临沂市秀丽的山水风光和丰厚的文化积淀有着重要的关系。临沂，古称琅琊，后因毗邻沂河，遂改名为"临沂"，拥有秀丽的山水风光。临沂是一座地地道道的历史文化古城，早在原始社会时期，临沂就诞生了著名的东夷文明，孕育出曾子、荀子、诸葛亮、王羲之、颜真卿等文化名人，后来虽几经变迁，但一直保留着丰富的文化遗产。

临沂也是一座红色文化名城，中国共产党在全面抗战初期就在临沂建立了沂蒙革命根据地，成立了中共中央华东局、华东军区、山东省政府等党政机关。在这里，中国共产党领导了著名的苍山暴动、龙须崮暴动以及沂水暴动等抗战活动，这让临沂成为我国重要的红色文化根据地。此外，临沂地处长三角经济圈与环渤海经济圈结合点。

改革开放以来，临沂经济迅速发展，并借助其地域优势成为我国北方重要的商贸、物流、会展和商品集散中心，这又为临沂增添了一抹繁荣开放的现代文化魅力。这些元素促使临沂成为我国重要的文化旅游城市，受到了广大游客们的喜爱。在临沂，各种不同类型的文化产业也逐渐发展起来，如文博会展、出版发行等，这些文化产业不仅提高了临沂的知名度，更为临沂带来了巨大的经济利益。

近年来，我国社会各界对于红色文化表现出了极大的关注，许多与沂蒙文化相关的影视剧作品也趁此东风推出，如向中华人民共和国成立60周年献礼的重点剧目电视连续剧《沂蒙》和电影《沂蒙六姐妹》等作品，更是让临沂这座文化名城在全国人民乃至全世界人民心目中留下了深刻的印象。2006年，《蒙山沂水》室内版隆重推出，受到了社会各界的一致好评，临沂抓住进一步打造龙头品牌提升城市形象的契机，在此基础上整合临沂所具有的多重文化元素，成功推出了大型水上实景演出《蒙山沂水》。

2. 现代水城的自然风貌

除了丰富、多元的文化元素，《蒙山沂水》更是依傍了临沂独具特色的现代水城的自然风貌。和我国大部分北方城市相比，临沂的水资源特别丰富，有沂河、沭河、中运河以及滨海四大水系。临沂在进行城市建设时，充分利用自然资源优势，按照"以河为轴，两岸开发"的思路，打造出一座特色鲜明的现代水城。临沂拥有拦河而成的46平方千米的全国最大的城市湿地以及沂河两岸蜿蜒上千米的滨河大道。独特的自然风光和现代化的城市规划，让临沂成为我国重要的旅游城市。依附在沂河辽阔的水面和中心岛之上建立的水上剧场，是《蒙山沂水》获得成功的重要基础。

3. 旅游业兴起的绝佳机遇

旅游产业的快速发展为《蒙山沂水》的诞生提供了广袤的空间。近年来，我国社会经济迅速发展，人民生活水平不断提高，交通环境也得到了有效改善，这些条件都为我国旅游产业的发展奠定了良好的基础。近年来，全国各地都在大力宣传自己的城市品牌特色，临沂想要在竞争日趋激烈的旅游市场上分一杯羹，就必须找到城市宣传的突破口。云南、陕西、河南等地的成功经验给临沂提供了良好的借鉴，如将云南原创乡土歌舞与民族舞重新整合的大型歌舞集锦《云南映象》就是云南进行旅游文化宣传的一张名片。它将云南的传统文化魅力与现代城市特色相结合,为云南旅游业的发展做出了重要贡献。

如今,人们对于精神文化方面的需求越来越多,若想提升临沂的城市影响力,吸引更多的游客,应着力通过一些文化创意作品来实现。因此,《蒙山沂水》应运而出。临沂环境优美,交通便利,曾获得多项荣誉,受到游客们的喜爱。《蒙山沂水》不仅扩大了沂蒙的影响力,促进了沂蒙旅游业的发展,同时还打响了沂蒙革命老区的名头,使得沂蒙文化与沂蒙精神被世人所熟知,提升了沂蒙的文化知名度。

(二)《蒙山沂水》的成功经验

大型水上实景演出《蒙山沂水》由"山高水长""地灵人杰""热土情深"和"印象沂蒙"四个部分组成,演出大力弘扬沂蒙精神,始终坚持"文化极品、城市名片和文化大餐"的高端定位,成为宣传临沂美好形象的文化名片。

1. 沂蒙革命老区独特的红色文化

沂蒙革命老区,是中华文明的发祥地之一,在此地曾经发现了多个文化遗址。在抗日战争和解放战争时期,在沂蒙革命老区曾经有多个革命根据地,展现了独特的沂蒙精神。《蒙山沂水》将一些经典的红色事迹搬上了舞台,集中展现了红色文化。在这场大型水上实景演出中,使用了《沂蒙山小调》的旋律,脍炙人口,使人们感受到强烈的听觉冲击。而且,还使用了多首红色歌曲,这些旋律优美、朗朗上口的红色歌曲使得《蒙山沂水》的演出"红上加红",让观众在观看《蒙山沂水》时,从眼睛"红"到耳朵。而且,借助水上平台,《蒙山沂水》也展示了它独特的表现形式,给观众带来了与众不同的视觉感受。

《蒙山沂水》不仅以自然山水为舞台展现临沂优美的山水风光和城市魅力,更借助自然山水传达出临沂这座城市积淀的一种红色革命文化精神。《蒙山沂水》充分利用声、光、电、水、景、人、服、泉等各种科技和艺术手段,通过诗情画意的表演完美地表达出革命红色文化精神,演绎出全新的沂蒙印象,无论从内容还是形式上均体现出沂蒙革命老区的红色文化。

《蒙山沂水》这种舞台表演突出了沂蒙的特色,展现出独特的历史文化,让人们感受到文化的厚重感;同时也采用了现代的技术,让人们感受到一种视觉上的震撼。演出对红色文化的诠释与演绎,也让观众们领略到了沂蒙精神的深刻内涵。

2. 政府以及社会各界的有力支持

《蒙山沂水》这场独一无二的视听盛宴的成功举办与政府以及社会各界的有力支持是分不开的。

一方面，政府的强力推动成为《蒙山沂水》成功的重要助力剂。《蒙山沂水》的成功离不开政府的推动作用。临沂风景优美，气候宜人，是旅游的好去处。政府通过举办这种大型的水上实景演出，加强对临沂文化的相关建设，吸引更多的游客前来。在《蒙山沂水》创作过程中，临沂市政府专门成立领导小组，重点关注，确保了这部作品的顺利推进与高质量发展。

另一方面，这部作品采用了十分科学的运作模式，这也是《蒙山沂水》能够顺利举办的成功原因之一。《蒙山沂水》由政府推动创作，符合沂蒙当地的文化，由专门的演艺公司进行全面的宣传推广以及票务运作活动。这种专业化的宣传方式吸引了许多人的参与。《蒙山沂水》采用了"政府推动、社会运作、公司经营"的运作模式，各项工作始终运行良好，一经上映，便获得了广泛的好评。

3. 自然优势与科技创意的整合

《蒙山沂水》充分借鉴了《印象刘三姐》《禅宗少林》在表现手法运用上的有益经验，立足于临沂的优势自然环境，依托沂河两岸的现代城市景观和自然山水风光，借助沂河中心岛，将自然山水直接作为演出舞台和观众席的一部分，打破了人们心目中传统的剧场舞台与背景的概念。《蒙山沂水》将广阔的沂水水域和沂蒙山作为舞台背景，让纯天然的水光山色、明月星光与现代化的灯光交相辉映，呈现出与传统剧场完全不同的视觉效果，使观众置身于巨大的自然山水空间中，开阔了视野，放松了身心，极大地增强了观众的参与性，极大地拉近了观众与大自然的距离。观众融入山水画卷中，使身心充分放松下来。

除此之外，《蒙山沂水》还利用先进的科学手段，凭借完美的灯光效果，将不断变化的场景用绚丽的灯光表现出来，带来了强烈的视觉冲击力，并且将国际一流的音响设备与山水的自然之声完美结合在一起，创造出极具震撼力的音响效果，为观众营造出一幕幕如梦似幻的艺术场景。

4. 精益求精的创作与完善的市场化运作

《蒙山沂水》始终坚持精益求精的创作态度，在首演之后仍然进行了多次改进完善。在这个过程中，其主题发生了一些转变，由之前描述临沂的历史文化，转而突出红色文化。在演出团队的选择上，《蒙山沂水》充分发挥临沂大学、临沂艺术学校等院校艺术专业学生的专业优势，整合临沂市老年合唱团、少儿艺术馆等文艺团体以及临沂市文艺院团的舞美、灯光、服装、道具等各种资源，以更好地表现沂蒙文化、弘扬沂蒙精神，展现现代临沂人民的生活面貌。

除此之外，在《蒙山沂水》的每一个演出季，演职人员白天与舞台改造施工人员一起抽淤泥、修线路、打扫卫生，晚上进行排练、演出，团结合作的工作状态让全体演职人员以饱满的热情为观众奉献了一场场精彩演出，戏里戏外诠释着沂蒙精神的深刻内涵。

《蒙山沂水》的成功之处，还在于其完善的市场化运作模式和成熟的商业宣传手段。《蒙山沂水》积极进行营销宣传，拓宽市场化运行模式，初步建立起良性的市场运行机制，并借助临沂日报报业集团宣传平台以及媒体营销优势，充分整合新旧媒体资源，为《蒙山沂水》的推广奠定了良好的基础。沂蒙山水、革命老区、文化古城、现代都市都是临沂这座城市的重要标签，但这些标签背后并不是简单的符号化名称，而是蕴含着风景优美的沂蒙山水和热血澎湃的沂蒙红色文化。

因此，《蒙山沂水》在宣传时，充分把握城市特色，突出演出魅力，将这些具有影响力和吸引力的元素融合在一起进行声势浩大的宣传与包装，建构起一系列独具风味的象征意义，符合现代人对文化汲取、风光欣赏、城市消费等多元化的需求，进而引起了人们的观看热情和旅游兴趣，形成了巨大的影响力和号召力。

《蒙山沂水》将各种文化元素与艺术表现形式放在一个生动而鲜活的自然山水场景中加以展开和诠释，无论是主创人员、演职人员还是观众，都融入这似梦非梦的梦幻场景中，共同感受热血澎湃的红色文化和革命精神，加之沂蒙山水等生态景观的烘托，各个革命英雄人物都已不再是单纯的艺术表现形式。人们在这里不仅获得了感官的完美享受和身心放松，更感受到了心灵的震撼与洗涤。《蒙山沂水》将自然山水与革命老区的红色文化完美结合起来，立足临沂实际，以沂水及两岸的现代城市为背景，巧借沂河的中心岛，将自然山水纳入演出，并作为演出舞台和观众席，打破了人们心目中传统的剧场舞台与背景的框架，生动地诠释了全新的民族文化旅游开发模式，成为我国民族民俗文化旅游开发创新的成功案例，为我国旅游文化的开发做出了巨大贡献。

第六节　文化创意产业与传统工艺的融合

一、文化创意产业与传统工艺融合的背景

传统工艺是手与心的互动创造，是千百年来民间艺人勤劳和智慧的结晶，在历史与文化的积淀中，代表了中华民族的文化传承和脉络，具有独特的文化价值，是非物质文化遗产的重要组成部分，是中国作为文明古国最鲜明的名片。在工业化、城镇化的加速发展中，传统工艺面临着生存发展的危机，迫切需要加强保护、激发活力、创新发展。

（一）我国有着灿烂辉煌的传统工艺

传统工艺具有生活性、历史性、传承性、手工性、民族性、地域性等主要特征。

中国是文明古国，也是工艺大国。千百年来，一代又一代工匠、艺人秉持别出心裁的创造精神和精益求精的工匠精神，开发出匠心独运、千锤百炼的精巧工艺，创造出门类繁多、光彩夺目的工艺精品，成为中华文化的瑰宝。

比如和中国（China）同名的陶瓷（china），是最富有民族特色的日用工艺品，五大名窑"官、钧、汝、定、哥"争奇斗艳，长久以来就是中国的名片。

又如声名远扬的景泰蓝。景泰蓝学名叫"铜胎掐丝珐琅"，早在春秋时期就有了这门工艺，在明朝景泰年间达至高峰，故而称之为"景泰蓝"。据说，景泰蓝一度濒临失传，在风华绝代的才女林徽因等人的抢救下，才得以传承下来。1949年以来，景泰蓝艺术品经常作为国礼赠送给外国政要，被誉为"国礼专业户"。

和陶瓷一样，丝绸也是闻名海外的中国特产之一，"丝绸之路"串联起古代东西方的经济文化交流。今天的"一带一路"倡议，更将开创人类合作共赢的新时代。

雕刻是一大门类。中国自古以来就有以玉比德君子的传统，在玉上走刀的玉雕也就分外受到达官贵人、文人雅士的喜爱。与玉雕相比，木雕洋溢着民间的气息，春秋时期已有木雕鱼等样式简单的工艺品。唐代以来，敬佛礼佛的旺盛需求，推进木雕技艺发展至高峰。著名的汉画像石已经是生动的艺术精品，此后的佛像雕刻更是将雕刻艺术推向了高峰。此外，竹编、剪纸、刻绘等争奇斗艳，美不胜收。

以山东为例，其是中华文明的发源地之一，也是传统工艺最富集的区域之一。龙山黑陶、潍坊风筝、郯城中国结、临沭竹编、高密剪纸、济南泥塑、泰山皮影戏等都名扬华夏，东阿阿胶、德州扒鸡、周村烧饼、济南油旋、德馨斋酱酿、黄家烤肉、鲁味斋扒蹄、兰陵美酒、景芝白酒、崔字牌香油、玉堂酱菜都是传承有序的精工匠艺，是驰名的非物质文化遗产，也是依然闪耀在我们生活中的老字号、金招牌。

（二）我国传统工艺发展的窘迫现状及主要原因

传统工艺是美的生活艺术，来源于生活，成就于生活。生活方式的变化自然会影响到传统工艺的发展。工业化、城镇化的快速发展，给传统工艺的发展带来了严峻的挑战，相当一部分传统工艺濒临失传。

传统工艺具有实用、观赏、教化等多种功能，大致可分为11大类，具体为特种工艺及其他制品、雕塑工艺（牙骨、木竹、玉石、泥、面等材料的雕、刻或塑）、抽纱刺绣工艺品、锻冶工艺（铜器、金银器、景泰蓝等）、烧造工艺（陶瓷、玻璃、琉璃等）、木作工艺、髹漆工艺（漆器等）、织染工艺、编扎工艺、画绘工艺（年画、烫画、铁画、内画壶等）、剪刻工艺（剪纸、皮影等）。

当前，我国相当数量的传统工艺还没有走上企业化经营的道路。这些工艺的传承人主要在乡村，相当一部分面临后继无人的窘境，甚至濒临断代危机。

传统工艺在现代文明和工业化生产方式的冲击下日渐式微，究其原因主要有以下几点：

1. 经营模式落后

中国传统工艺的经营模式是在农耕经济的基础上，按照家族、民营和官营的三种基本类型而展开的。在自给自足的家庭副业的基础之上，出现了独立的私人民营模式；从统治者的需要出发，产生了官营手工业。因此，家庭作坊—民营作坊—官营作坊便成了中国传统工艺的主要经营模式，而直接参与市场的则主要是民营作坊，其规模较小，自身的创新能力低。

如果说这种经营模式在社会技术水平相对较低的时代还有较为可观的经济效益，那么随着当代科技的发展以及规范的、科学的、高效率的经营模式的出现，这种小、低、散的经营模式已无法与当代工艺相提并论。许多传统工艺在经营模式方面一直固守传统,导致其生产规模小、生产效率低,无法适应当代社会经济的发展与消费者的需要。

2. 传承制度的缺陷

对中国传统工艺而言,家传与师传是其传承的主要方式。这种传承方式本身有着深厚的文化积淀,也有稳定传承的优势,但也有极大的弊端。首先,一些类似于"传男不传女"的规则,使得传承人极为有限,主观性过于明显。"传统工艺的传承是祖祖辈辈一代一代主动自发的行为。然而传承的行为倘若在代际间传递时出现断裂,使得该项传统工艺没有得到传承,那么就意味着该民族和该地区民间传统文化的延续就此中断,就会造成'人在艺在,人去艺绝,艺在人身,艺随人走'的情况,那么该民族地区的传统工艺的就会出现断档,进而有可能导致该项传统工艺濒临消失与灭绝。"[1]其次,这种传承制度在保证特色的同时,丧失了不断革新与升级以及大规模生产的条件,使得传统工艺的现代化发展受到了人才、技术、生产等方面的制约,失去了参与市场的竞争优势。

3. 科技含量较低

传统工艺起源于人类生产水平较低的时代,生产原料大多为自然材料,生产工艺也主要依靠朴素的传统技术或人类生产经验的积累,生产方式主要为手工制作。在之后的传承中,这些最基本的生产原则并没有被打破,而是很大程度上继承下来,使得传统工艺在面对当下强大的科技力量时相形见绌。而当代工艺则是在科技的支撑之下,融汇物理学、化学、心理学等前沿学科,从设计到生产流程再到产品销售都与市场密切结合。在现代工艺的强大冲击下,传统工艺难免面临被淘汰的境地。

同时由于消费水平的提升,一些以自然材料手工制作的传统工艺产品退出了市场,甚至消失,直接导致了传统工艺的衰微。在当今科技成为第一生产力的时代,传统工艺表现出了与历史发展潮流不相一致的倾向。没有科技这一发展的巨大力量支撑,传统工艺日益显得势单力薄,难以支撑。

4. 文化变革艰难

人类因自我意识的发展而区别于其他一切生物。在生命本能之上,人类的自

---

[1] 孙莉:《现代技术条件下传统工艺的保护与传承研究》,成都理工大学2012年硕士学位论文。

我意识使得人类一切活动具有了明确的合目的性与合规律性。人类文化便是人类自我意识的重要体现，这一原本属于精神意识领域的产物明显地影响了人类的物质生产。商周时期，宗教文化在社会中占据重要地位，因而工艺品中宗教文化的图腾随处可见。秦汉时期，工艺品上常有代表道家思想的八卦图。宋元时期，代表市民经济的民俗文化迅猛发展，工艺品上常刻有反映市民生活与愿望的图案。明清时期，由于审美意识的不断觉醒，工艺品更趋向于精致与文人化。

当代社会，各种文化纷繁复杂，人类对文化的需求更加多元与开放，对工艺品的审美要求更为苛刻。保留至今的传统工艺主动求新求变的动力薄弱，文化内涵、工艺美学无法适应消费者日益苛刻的审美需求，从而逐渐小众化乃至无人问津。

（三）我国传统工艺振兴具有重要意义

振兴传统工艺，首先要充分认识传统工艺在当代社会蕴含的丰富价值，充分认识传承发展传统工艺的重要意义。

传统工艺是一个内蕴丰富的价值综合体，主要体现在以下方面。

一是文化价值。传统工艺本身的发展历程是一部科技史，也是一部文明史，记载了人类文明的发展过程和历史所呈现的风貌，与地区、民族的信仰、宗教、文化、历史密切相关，是非物质文化遗产的重要组成部分，也是连接各区域、各民族的桥梁。传统工艺日益成为地域性或民族性的载体，在历史的积累中，其文化内涵不断丰富并具有鲜明的特色。传统工艺作为地域、民族文化的承载与结晶，作为人类生存智慧与审美需求的表现，在满足人类物质需求的同时也给予我们以文化的滋养与哺育。这些传统工艺都是由古至今流传下来的，蕴含着丰富的历史底蕴，传承传统工艺也有助于中华传统文化的发展，有助于国人树立文化自信。越是民族的越是世界的，传统工艺凭借其深厚的民族特色，在世界文化之林中独领风骚，成为走向世界、扩大自身影响力与知名度的名片。

二是经济价值。传统工艺门类广泛，与生活息息相关，代表了对生活的审美化需求。当前我国正处于消费升级阶段，消费者越来越追求产品和服务背后的文化价值、审美需求。传统工艺改革创新发展，可为市场提供更多品质优良、特色鲜明、竞争力强的产品和服务，可以有效扩大品质消费、引导消费升级。传统工艺作为区域文化的载体，可以与区域内的旅游、休闲、创意、设计等产业融合发展,扩大地方知名度与影响力,提升地方产业竞争力,成为整个区域的经济拉动者与引导者。

三是社会价值。传统手艺大多分散在偏远乡村,实行企业化经营的也往往经济效益不佳。推动传统工艺的创新发展,不仅能够为这些乡村带来经济上的收益,使村民脱离贫困,同时还能够促进这些传统工艺的文化传承。

四是精神价值。传统工艺在长期的发展中积淀了别出心裁的创造精神、精益求精的工匠精神。在全社会激发创造活力,弘扬工匠精神,促进中国企业的转型升级、提质增效,从中国制造走向中国智造、中国创造。

振兴传统工艺,要充分认识到传统工艺并不是天然与市场经济和工业化、城市化社会不相容的。在这方面,日本就是一个典型例证。日本是高度工业化、城市化的现代社会,但也是传统工艺健康发展的国度。150 年以上的老店,日本有超过 5 万家,而中国仅有 5 家:六必居酱园、剪刀老字号张小泉、中药老字号陈李济、同仁堂及凉茶老字号王老吉。日本传统工艺蓬勃发展的原因,主要在于政府超前的保护、扶持意识。早在 1950 年,日本政府就公布了《文化遗产保护法》,1974 年又推出了《传统工艺品产业振兴法》。日本政府在地方大力推进"一村一品"等工艺振兴运动,并为传统工艺从业者提供技术信息、职业培训、市场调查、新材料研发等公共服务。日本的手工艺从业者还多是匠人世家,几百年甚至上千年守护着家业,保持着活性,如"乐和清水"就是存续了 400 多年的陶业世家。

近年来,我国开始逐步重视传统工艺的振兴发展。一部分意识超前的老字号企业如云南白药、王老吉凉茶、东阿阿胶、全聚德烤鸭等已经成为光彩闪耀的金字招牌。社会各界也积极探索传统工艺振兴的道路,如知名设计师杨明洁与苏州创博会共同推动了"手工艺之都的新手工艺"项目,致力于中国传统手工艺的现代设计与创新,打造全球化的中国手工艺产品品牌。设计师品牌"生活在左"全面启动了传统手工共创计划,旨在通过与各地传统手工作坊共同研发新品,让传统手工艺精品融入更多现代人的生活,使传统手工艺激发新的活力。特别是党的十八大以来,中央从坚定文化自信、弘扬优秀传统文化的战略高度,不断加强对包括传统工艺在内的传统文化传承发展的扶持。2017 年 3 月,国务院办公厅转发了文化部、工业和信息化部、财政部三部委联合制定的《中国传统工艺振兴计划》,计划提出要"立足中华民族优秀传统文化,学习借鉴人类文明优秀成果,发掘和运用传统工艺所包含的文化元素和工艺理念，丰富传统工艺的题材和产品品种，提升设计与制作水平，提高产品品质，培育中国工匠和知名品牌，使传统工艺在现代生活中得到新的广泛应用，更好满足人民群众消费升级的需要"，并制订了包括"建立国家传统工艺振兴目录""扩大非物质文化遗产传承人队伍""提高传统工艺产品的设计、制作水平和整体品质""拓宽传统工艺产品的推介、展示、销售渠道""加强文化生态环境的整体保护"等10条有针对性的扶持措施。[①]

二、文化创意产业与传统工艺融合的实现途径

传统工艺振兴，是在商业文明环境下的传承与创新；传统工艺振兴，需要在适应市场经济环境、遵循市场经济规律的前提下，充分发挥政府、社会和传统工艺经营主体的合力，按照传承、创新、开放、融合的理念，优化发展环境，推动传统技艺传承与产品工艺创新有机结合，推动传统文化传承与经营管理创新、商业模式创新有机结合，在深入挖掘传统技艺精髓和文化内涵的基础上，积极引入现代经营理念，树立互联网思维，充分运用现代管理、生产技术、信息科技，积极开发新技术、新产业、新业态、新模式，为消费者提供具有文化神韵、时代风尚的匠心产品和特色服务，让传统工艺融入当代生活。

（一）政府：有形之手发挥引导作用

近些年来，各地在推动扶持传统技艺、老字号发展等方面已经积累了很多行之有效的经验。

一是加强顶层设计。在资源普查的基础上，建立传统工艺保护发展目录，实行分级分类扶持，培优做强，加强对濒临灭绝工艺的保护。

二是强化公共服务。建立传统工艺的综合信息服务平台，运用信息化手段，记录传统手工技艺史料，并且通过互联网对这些记录的史料信息进行广泛传播，增强人们对这些传统工艺的认知与了解，还可以提供咨询服务，便于人们的咨询了解。

---

① 国务院办公厅：《国务院办公厅关于转发文化部等部门中国传统工艺振兴计划的通知》，《中华人民共和国国务院公报》2017年第11期。

三是加强人才培养。对传统技艺传承人进行补贴,组织传统工艺传承人、从业者等参加研修、研习和培训,培养工匠队伍。建立专家库,帮助传统工艺企业引入海内外高层次管理专家和高技能人才。

四是强化资金、金融扶持。财政设立专项基金用于传统技艺传承发展,运用贴息、补助等多种激励措施推动传统技艺企业进行工艺升级与产品创新和市场开拓,积极推动品牌价值高、发展潜力大的传统工艺企业进行优质资产证券化、上市或到全国中小企业股份转让系统挂牌,利用多层次资本市场做大做强。

五是支持企业开放、融合、创新发展。一个企业要想发展,必然要跟上时代的脚步,符合时代的发展特点,传统工艺企业要与互联网融合,不断拓宽经营渠道,在实体店、网络上都要进行传统工艺企业的宣传与销售,吸引更多的消费者。

六是拓宽传统技艺的展示、传播和营销渠道,仅仅在现实生活中进行传统技艺的传播和宣传还不够,要采用多种宣传渠道,利用互联网平台、电视、书籍等方式进行宣传。另外,传承人以及企业等也要多多参与活动,与其他传统技艺领域的专家进行交流,提高传统技艺的影响力。

七是实施整体保护。对于那些老字号比较多的县区、城市,要设立特色商业集聚区;对于那些传统工艺集中的村落、乡镇等,也要设立相关文化村镇,加强文化生态保护。

(二)社会:使用是最好的传承

随着文化传承的意识和理念日益深入人心,社会各界对传统技艺关注、扶持的热情也日益高涨。一大批具有浓郁文化情怀、国际视野的专家学者、设计师自觉行动起来,以各种方式投身到传统工艺的传承保护之中。2003年"中国民间文化遗产抢救工程"正式启动,经过10年的努力,基本完成了对包括传统工艺在内的民间文化遗产的普查、登记、分类、整理、出版工作。"中国传统工艺美术精品大展""中国当代工艺美术双年展"等一系列品牌展览反映强烈,不少高校开设了工艺美术学科,许多中小学的传统工艺传习活动也开展得有声有色。但传统工艺作为生活的艺术,产生、发展、壮大的根源在于生活,其消失与衰落的根源也在于生活形态的演变和发展,这就要求社会从文化生态重建的高度提供传统工艺传承创新的土壤。

消费社会到来，消费对于消费者的意义已不再局限于生存的需要与物质生活的满足，消费者的消费观念由最初的务实节俭变为追求生活，再变为消费创造生活。消费社会又是一个风格社会，在这样一个社会中，消费者所消费的已不再单单是物品本身，而是以物品的消费来彰显人的符号，使人产生身份认同。"也就是说，消费者选择一项物品或服务，选择背后是其所隐含的特殊生活风格，并以此来表现出自己与其他人的差异性。"① 每个人的消费，不仅是单纯的实用功能的满足，也是一份无声的文化宣言。消费是最好的保护，使用是最好的传承，我们每个人平时更多地接触、欣赏、亲近传统文化，使用传统工艺产品，是一种国民情怀，也是一份文化责任。

（三）文化：融合实现新生

传统工艺的传承创新，从根本上有赖于传统工艺传承群体、传承企业主体作用的发挥，而其中的关键则是在融合的基础上再造文化精魂。

一是深入挖掘根本。传统工艺是中华民族文化表达的重要方式，也是民族精神的象征，表现了中华民族独特的审美心理、民族特色和文化创造力。只有深入挖掘传统工艺的根与魂，才能立本开新，才能使中华工艺自信挺立于世界技艺之林。

二是要全面实现系统创新，从材质、工艺、艺术语言、文化思想内容等各方面找到与当代生活的血脉联系，积极开发基于传统工艺、富有文化内涵的现代工艺，让传统工艺走入当代生活，满足民众精神和审美需求。特别是要强化现代设计理念的导入和手段的应用，结合现代生活需求，改进设计，改良制作，改善质量。

三是要积极引入现代经营管理方式，大胆进行体制改革和机制创新，建立可持续发展的企业经营模式。强化质量意识、精品意识、品牌意识和市场意识，积极利用互联网、物联网、大数据等现代信息技术手段提升企业和产品的核心竞争力、市场开拓力。

中华传统工艺承载了民族的文化精神和造物智慧，是千年流传的文化珍宝，是依然存活在我们身边的活态文化。在工业化和城镇化背景下，传统工艺作为国

---

① 韦婧：《风格社会下传统工艺品牌的再生与创新》，苏州大学 2013 年硕士学位论文。

民乡愁载体、文化生态再造要素以及文化产业的创意源泉的价值日益凸显；在复兴中国梦的伟大战略格局中，传统工艺作为工匠精神载体和文化国际名片的价值日益显现。业界的坚守，政府的扶持，学界的情怀，社会的认同，正在合力将传统工艺推向全面振兴的时刻。

三、文化创意产业与传统工艺融合的经典案例

提起我国传统工艺，很多人都会第一时间想到中国结。

在中国人的节日里，春节具有无可取代的地位。人们习惯在春节享用最好的东西，不仅物质上要富足，精神上更要愉悦。于是，各种引人眼球的文化产品被争先恐后地推出，意在讨来一个好口彩，迎来一个开门红。中国结作为象征吉祥的饰品，春节期间发挥着装饰与祝福的作用。

中国结所显示的情致与智慧是中华古老文明的一个侧面。从古至今，中国结的图案常常出现在人们的生活中，不过它所表现的功能却并不是完全一样的，随着时间的推移，现在人们生活中的中国结逐渐成为一种装饰性的手艺，多用作室内装饰、亲友间的馈赠礼物及个人的随身饰物。由于这种结是从古至今流传下来的，具有浓厚的历史底蕴，而且外观精美，符合人们的审美观念，它被命名为"中国结"。

中国人在表达感情方面往往采用委婉隐晦的形式，结也充当了人们表达情谊的信物，将缕缕丝绳编制成结，赠予对方，绵绵真情全都蕴含其中。中国结本是中国民众节日生活中的民间工艺饰品，逐渐形成了中国最具影响力的文化商品，进而形成独特的文化产业。

生产中国结的公司繁多，生产的品种丰富。在民间较有影响的公司有北京王府井专业中国结生产公司、云虹工艺品厂等。北京王府井专业中国结生产公司研发的产品系列有几十个，云虹工艺厂则把中国结分为中国结挂件系列、礼品中国结系列、中国结配件系列、流苏吊穗系列、大中国结系列、促销中国结系列、广告中国结系列、喜庆中国结系列、圈类中国结系列、手机挂件系列、中国结流苏材料系列共11个系列。

将中国结成功转化为文化产业的，浙江省东阳市黄田畈镇是一个典型。黄田畈镇的家具木雕业、墙纸织造业、绣花针织业都曾十分发达，产品一度大量出口

海外。随着市场行情的变化,这些行业不同程度地走向了衰落。20世纪末,中国结在市面上开始流行。逢年过节,大家都喜欢挂上红红的中国结,以烘托节日的喜庆气氛。2002年,在中央电视台的春节联欢晚会上,出现了一个硕大无比的红色中国结,悬挂在舞台背景的正中央,耀眼而醒目。黄田畈人瞅准了这一现象后面所蕴藏的巨大商机,很快就开创了一个新兴的产业——编织中国结。

黄田畈镇的人几乎家家户户都编织中国结,加工好的中国结先运往邻近的义乌小商品市场,再由义乌小商品市场大量批发销往北京、上海、广州、西安、哈尔滨、昆明等地,甚至出口到日本、韩国、东南亚等海外市场,形成了一个中国结编织、加工、销售一条龙的生产贸易体系。全镇一年的中国结销售额可达几千万元,成了当地农民的主要副业收入。他们所编织的中国结并非恪守传统、一成不变的,而是将文化创意融于其中,由原来的8个结增加到16个结、32个结、48个结乃至更多。

这些中国结大小各异,有长达2米用来挂在墙上的,有1米长可以挂在床头的,最小的只有十几厘米,可以捧在手心。中国结形态丰富,既有鱼、马等动物,也有花、草等植物,连奥运会的五环标志也可以编织得形象而生动。编好后,在结中可以挂上玉石、脸谱、铜钱、汉字等,用富有中国特色的物品做点缀,使之成为名副其实的"中国结",既实现了传统工艺的创新,又促进了文化创意产业的发展,更推进了百姓创收,可谓一举数得。

第四章 文化创意产业发展的支撑力量

文化创意产业发展的支撑力量主要有四种,分别为文化创意产业与集群发展、文化创意产业与资金保障、文化创意产业与知识产权、文化创意产业与人才培养。

第一节 文化创意产业与集群发展

一、文化创意产业集群的内涵

我们所讲的产业集群化发展,是一种更高形式的产业内外部组织,借助集聚、集群的模式实现资源共享,降低交易成本,创造出更多的供需市场,从而提升整个行业的生产经营水平,并在此基础上提升其市场竞争力。我们也可以将"产业集群"的概念引入文化创意产业之中,并以此形成文化创意产业集群。

我国将产业集群融入文化创意产业的时间较晚,为此目前关于此方面的理论研究比较少,同时也未对文化创意产业集群的定义做出具体的解释。通常情况下,我们对其进行如下的解释:创意类的人才、企业、机构为了降低生产经营成本,而实现生产资料的共享,然后在相互竞争与合作的过程中形成的聚集于特定区域的产业组织。这个区域的企业可以共享集群中的内部资源,从而形成规模效应。一般情况下,政府、中介机构、金融服务组织在文化创意产业集群形成与发展的过程中起着十分重要的作用。

处于产业集群内部的各个文化创意产业公司一般都处于同一个产业链之中,它们之间有着密切的联系,如设计公司、出版集团、影视文化公司、广告公司等。

文化创意产业集群想要更好地发展,必须要有其发展的动力,即复合型创意人才、金融资本。此外,文化创意产业集群的发展,也离不开政府相关政策的扶持,这是文化创意产业集群发展的重要驱动力。通常情况下,文化创意产业集群之间可以形成一种信任机制,在该机制的作用下企业可以有效降低交易成本。从某种意义上来讲，文化创意产业集群的规模效应和集聚效应对文化产业的发展具有十分重要的作用。

二、文化创意产业集群的形成条件

通常情况下，文化创意产业集群主要产生于以下几个区域：一是大城市的近郊区域，二是大城市的旧厂区，三是大城市的新规划园区。之所以会在以上这些区域产生，主要是由于这些区域的可塑性比较强，同时也比较靠近目标消费群体，这在无形中降低了企业的运营成本，更为关键的是，这些地区有利于文化创意产业外部经济效应和协同发展效应的产生，因此具有很强的吸引同类企业集聚的能力和良好的成长性。

综合分析这些地区的共同特点，我们可以对文化创意产业集群形成与发展的条件进行归纳，具体来讲主要包含以下四个方面。

（一）现实的消费需求

通常情况下，公众对产品的需求对文化创意产业集群的形成与发展有重要影响，是其原动力。从某种意义上来讲，公众有效的产品需求可以直接刺激文化创意产品与服务的有效供给，这在一定程度上推动了文化创意产业集群的形成，同时也促进了文化创意产业集群产业结构的优化升级。

现阶段，我国文化创意产业依然处于萌芽状态，为此它有很好的发展空间和潜力。此外，随着我国社会经济水平的快速发展，人们的生活水平有了明显的提升，同时也有了更多的空暇时间，这些都为我国文化创意产业的发展提供了广阔的市场。

（二）多样的生产资源

第一，文化资源。通常情况下，文化自身具有一定的地域性、民族性、历史性的特点。每个地区在历史发展过程中势必积淀了大量的传统文化资源，这些为地区文化产品的开发以及文化创意产业的形成与发展都提供了无限的可能。

第二，人才资源。一般情况下，创新在文化创意产业中具有十分重要的作用，这也给文化产品和服务的提供者提出了更高的要求，即有较高的文化水平和艺术修养。此外，文化创意产业的发展还需要具有复合型的文化资本营运人才。

第三，资本资源。资本是生产要素中最有活力、最具穿透力的因素，它往往受利润的驱使，并在此基础上流向那些可以盈利的行业。从现代经济发展的情况及趋势来看，文化创意产业是最具吸引力的行业之一，有源源不断的资本涌入这个行业。在金融资本和产业资本的影响下，那些拥有完善的融资渠道以及资金充裕的地区将会成为文化创意产业集聚的地区。

第四，设施资源。一般来讲，文化创意产业的形成需要有一个轻松、愉悦的环境。这样的工作环境构建需要良好的基础设施建设，如便利的交通、轻松自由的交流场所、公共图书馆、电影院、博物馆、舒适的工作环境等。

（三）必要的支撑产业

任何一个产业集群的发展都离不开其他相关产业的支持，文化创意产业集群同样不例外。随着科学信息技术的快速发展，信息技术产业的飞速发展为文化创意产业的发展创造了良好的环境。它不仅是文化创意产品生产的手段、贸易的载体，同时也在很大程度上创新了文化创意产品和服务的理念，促进了文化创意产业集群的快速发展。

（四）优质的生存环境

在文化创意产业集群发展的过程中，环境起到了十分重要的作用，尤其是良好的投资软环境。具体来讲，这种作用主要体现在以下几个方面：第一，稳定的、可吸引投资的优惠措施，完善的基础设施，公平公正的法律环境，优质高效的公共服务；第二，完善的知识产权保护体系也是促进文化创意产业发展的优质环境；第三，运转有效的市场环境对文化创意产业集群的形成与发展有至关重要的作用。

一般情况下，文化创意产业集群所在地应当有与主导产业生产相关的要素供给、产品销售的环境，使本地成为国内主要的专业产品流通中心，不但发挥出流通与生产相互促进的作用，而且保障本地产业能够获得最前沿的专业信息，受到最新潮流的推动，保持产业的领先地位。

三、文化创意产业集群发展的主要模式

所谓的文化创意产业集群主要是指在文化创意产业领域之中，由多个文化创意公司、相关支撑机构联合起来，然后依据专业化的分工建立起来的协作关系，

与此同时这些企业在一定的区域内集聚形成相应的产业组织，通常情况下文化创意产业集群中包含了该产业链上所有的上游、下游企业。文化创意产业集群现象背后往往有不同的成因，此外受文化背景、地理区位以及政府作用等因素的影响，文化创意产业集群的发展类型也会有所不同，按照其所依赖的主要因素可分为以下四种模式。

（一）人才集聚模式

文化创意产业人才集聚模式是最常见的，也是最具有代表意义的。创意人才是文化创意产业发展的核心要素，人才的集中会吸引相关资源的流动，最终促使集聚区的形成。

一般来说，此类集聚区有着浓郁的创意氛围，开放、自由、包容和前卫为其特征，汇聚了大量以创意工作室为主要形式的中小型文化创意企业。北京798艺术区是比较典型的例子。798艺术区是原国营798厂等电子工业的老厂区所在地，该厂区合理的规划、便利的交通以及独特的建筑风格（包豪斯建筑）吸引了很多艺术家以及艺术机构，他们纷纷来到该厂区租赁厂房，并在现有的基础上对其进行改造，久而久之逐渐形成了一个多元的文化空间，其中有画廊、艺术工作室、文化公司、时尚店铺等。

（二）依市集聚模式

依市集聚模式的文化创意产业园区以规模较大的企业群为依托，其特色为由若干个大规模企业组成、产业关联度高，集群效益显著，具有强大的竞争力。电影、电视等较复杂的创意行业的集聚往往以这种类型呈现。其中好莱坞为此类集聚区的典型例子。

好莱坞位于美国西海岸加利福尼亚州洛杉矶郊外，依山傍水，景色宜人，现已是世界著名的电影城。好莱坞是全球电影、音乐、时尚的中心地带，引领和代表着世界顶级娱乐产业。米高梅、雷电华、梦工厂、迪士尼、20世纪福克斯、哥伦比亚影业公司、环球影片公司、华纳兄弟等电影巨头都汇集在好莱坞，这里的时尚与科技相互促进，有深厚的时尚底蕴和雄厚的科技力量做支持。由于集聚效应显著，这里出现了多层次的媒体产业，共享人才、信息、技术，共同发展，不断拓展市场。

（三）规划集聚模式

不同于以上两种自发形成的集聚区，规划集聚模式的园区主要指那些有着专门的规划和治理的文化创意产业园区。它们一般都是由政府或者企业通过系统完善的事先规划，选定区域进行投资、建设而形成的有着特定边界范围的文化创意产业集聚区。由于外界力量的介入，此类集聚区有相对封闭性的特点，能够被复制和在其他地区或国家推广。

中国的中关村创意产业先导基地是北京市首个创意产业基地。到现在，该创意产业基地已经形成了互联网、游戏、软件、动漫、出版传媒等产业集群。目前入驻该基地的知名企业有新浪、百度、联众等。

（四）综合集聚模式

综合集聚模式的创意产区是指那些具有自发集聚生成和规划发展双重特性的文化集聚区。一般来说，这种类型的集聚区出现在废弃的旧城区。原有的工业部门撤离，创意工作者和文化创意企业入驻，政府或其他部门通过全面的规划和建设，重点发展文化创意产业，给区域经济注入活力，辐射和带动传统产业的升级和整合。综合型的集聚区并不仅仅立足于文化创意产业发展，城区改造及带动相关经济活力也是其尽力想达到的效果。

例如，英国为了振兴经济，制订了城区复兴和发展计划，重新定位，打造全新的城市面貌。政府对综合型的文化创意集聚区的规划和发展有高度的参与，在具体实施方面也给予多方的政策配合。在英国，逐渐形成了一批具有完善的城市基础设施、社会建设、社会网络等综合型的集聚区。

四、文化创意产业集群化发展中存在的突出问题

通过对上文的分析，我们可以清晰地看到文化创意产业集群的优势。我国创意产业集群在发展过程中取得了一些成绩，并形成了一些较为完善的文化创意产业基地，如北京中关村产业园、上海世博园等。以上我们提到的这些文化创意产业园区都充分展现了产业集群的发展优势。我们在肯定文化创意产业集群发展取得的成绩时，也要正视其发展中存在的问题，具体来讲主要表现在以下几个方面。

（一）政府对文化资源存在一定垄断

政府在文化创意产业集群发展中扮演着重要的角色，它不仅对文化产品和市场进行监督，同时也为文化创意企业发展进行硬件和软件的规划，但是政府在执行过程中，有时会出现不结合实际情况一哄而上的情况，强行对文化产业进行干预，控制文化资源。此外，政府在干预的过程中有时也会忽视产业基地应有的产业基础和区位能级等方面的因素，会使那些原本由市场进行调配的资源偏离方向，又被扣上"计划"的帽子，从而使文化创意产业失去发展优势，进而影响文化创意产业集群模式功能的发挥。

（二）缺乏高水平的创意人才和创意团队

虽然我国成立了一些有关创意领域的院校和培训机构，但是目前它们在发展过程中依然存在一些问题，如课程设置不合理、培训资金不到位、实践经验不足等，这些问题在一定程度上导致创意人才供需不均衡，无法为文化创意产业市场提供大量优质人才。另外，我们要知道一个人很难独立完成创意，特别是文化产业领域的创新，通常情况下需要团队的支撑，但是目前我国在这方面的团队资源并不是很理想。以上这些问题都在无形中限制了我国文化创意产业集群的发展。

（三）没有形成清晰完整的产业链

我国有悠久的文化历史，这也就孕育了丰富的文化资源。在我国上千年的发展历程中，前人留下了很多可以为我们所用的文化产品和精华创意，然而现阶段我们并没有充分合理地利用这些文化精华，仅仅对其进行了简单的复制、消耗，未能形成一条完成清晰的产业链。换而言之，文化创意产业中的购买、交易、评估、衍生品各个环节都没有达到市场化的标准，同时也没有形成具有更高附加值的知识产权。在这样的市场环境下，文化创意产品很难形成国际化文化品牌，这不利于文化创意产业集群的维系。

从上文的分析中，我们可以发现文化创意产业集群优势的发挥与集群网络中各个企业的协同合作有很大的关系，然而就现阶段文化创意产业集群的发展情况来看，集群内部的很多企业之间的交流合作较少。同时，企业与高校、企业与科研机构、企业与中介公司之间的合作关系也有待完善，存在各自为政的现象，这在无形中造生了资源浪费。除此之外，集群内部的企业缺乏大局观念，行业趋同性明显，出现了一些恶劣竞争的现象。这些问题都不利于文化创意产业集群的健康、持续发展。

（四）发展模式较为单一

从当前我国文化创意产业集群取得的成绩来看，已经建成了一部分比较成熟的文化创意产业集群，但是从其发展模式上来看，还存在一定的不足，即发展模式较为单一。一些比较成熟的文化创意产业集群将建设文化创意产业园区作为唯一的集群发展模式，虽然这样的集群发展模式达到了集聚的效果，但是园内企业与园外企业之间的合作并不是很好，因此产业集群发挥的促进作用十分有限。

此外，目前我国大多数的文化创意产业园区主要是规划集聚模式，也就是政府主导规划的。所以，目前大部分的文化创意产业园区的特色建设并不是很明显，很多文化创意产业园区有些雷同，园区内也没有领军型的企业，这在一定程度上分散了集群资源。以上这些问题在无形中反映了政府在文化创意产业园区规划、建设中没有给予足够的财政支持，从而导致所规划的文化创意产业园区的创新性不足、产业链不完整、产业发展单一等，进而限制了我国文化创意产业的整体发展。

五、文化创意产业集群化发展的关键策略

（一）充分发挥政府对文化创意集群的服务功能

虽然文化创意产业集群的形成与发展是市场行为，但是从其实践中我们不难发现，政府在其中具有十分重要的作用，所以在文化创意产业集群发展过程中，政府要充分发挥自身的作用，为其提供优质的服务，具体来讲主要做好以下几个方面的工作。

1. 制订科学的文化创意产业发展规划

文化创意产业涉及的领域较多，其中有计算机服务、出版业、软件业以及影视业等，而每个行业在不同地区的发展情况也有所不同，因此其市场竞争力也有所不同。这就需要政府结合当地的实际情况，充分整合资源、科研、人员，同时为产业集群进行定位，并确定其发展方向，然后在此基础上有目的、有计划地引进有实力的企业入驻该地区。此外，政府还要集中优势资源大力发展重点企业，进而打造文化创意产业基地的特色。

2. 营造规范的文化创意产业发展环境

通常情况下，一个新兴产业的发展离不开政府的政策引导与支持。目前我国文化创意产业集群的发展并不是很成熟，所以更需要政府的宏观调控。

从某种意义上来讲，政府要加大对文化创意产业集群的扶持力度，优化资本注入形式，同时也要不断完善法律法规，为文化创意产业集群的发展创造一个良好的政策、市场环境。除此之外，政府还要加强对行业协会的监管，建立完善的行业标准，为文化创意产业集群的可持续发展保驾护航。

3. 构建宽容的文化创意产业发展空间

从某种意义上来讲，创意经济的发展需要具备开放性、宽容性、多样性。从根本上来讲，创意经济的技术资本、人力资本、知识资本都属于流动资本，所以当文化创意产业集群发展成形之后，政府应当学会放手，逐渐减少对文化创意产业集群的控制，同时也要减少对文化的垄断。政府应当通过扶持的方式，为文化创意产业集群的构建、发展吸引关键的生产要素，如融资、规范市场体系等方面的政策，同时为其发展构建宽容的开放空间。

（二）开发、培养高质量高水平的创意人才

一般情况下，文化创意产业的发展需要创意企业集群，而创意人才是创意企业的核心竞争力，为此我们要吸引、培养更多的创意人才，特别是复合型人才——不仅了解文化规律，又懂文化经营的人才。具体来讲，主要包含以下措施。

第一，构建有助于创意人才生存的环境。如果想要留住人才，我们就要在经济水平较高和文化吸引力较强的中心城市为他们搭建一个可以实现自身价值的平台，同时为他们营造一个良好的生活环境，并在此基础上建立完善的人才培养机制和人才培训基地。除此之外，我们还要建立公开、透明的文化市场准入机制和公平、自由竞争的文化创意产业环境，从而给优秀的人才足够的发展空间。

第二，加强创意人才的引进与交流。文化创意产业的人才必须是流动的，这不仅有助于智能的高度提升，同时也有助于创意的前瞻性。我们需要从多个方面构建创意人才增量供给机制，如功能导向、政策扶持、文化消费、制度激励等，从而不断培养本土化创意人才。除此之外，还要加强与国际的人才交流活动，并制订相应的创意人才引进政策，吸引具有世界水平的高级人才加入我国的创意产业。另外，我们也要积极让国内文化创意人才走出去学习国外先进的经验，拓宽

创意人才的发展视野。文化创意人才培养的有关问题我们将在后文进行具体阐述，这里不再赘言。

（三）挖掘和规划更具发展潜力的文化创意集群

从某种意义上来讲，我们可以将文化创意产业当作是建立在经济基础上的上层建筑。因此，文化创意产业的发展水平反映了一个城市或区域的经济活力，尤其是文化创意产业中的增量部分很大程度上来自这个城市或区域在实体经济领域的竞争溢出能力。

例如我国深圳地区。该地区目前是我国创新最密集的城市之一，设计师是其创新的原动力。现阶段，深圳地区的平面设计师的数量占据了中国平面设计师总人数的绝大部分。之所以出现这样的局面，主要是因为多年前香港广告印刷业在深圳地区投资建厂，而平面设计师是该行业急需的人才。另外，受珠江三角洲世界性生产制造业基地建设的影响，深圳出现了工业产品设计师的集聚。无论是印刷工业的发展，还是生产制造业的发展，都为设计师的就业、成长提供了良好的环境。

在区域经济转型的影响下，印刷业和生产制造业已经不再是该地区的支柱产业，但是这也在一定程度上使一些优秀的设计师开始将目光转向文化创意产业。从某种意义上来讲，支撑地区文化创意产业发展的基础依然是地区购买力和国际购买力。无论是北京，还是上海，这些地区文化创意产业集群的形成有的受艺术影响，有的受旅游、金融的影响。无论是何种原因，其都有独特的产业脉络，同时也有属于自己的内在逻辑。

随着互联网信息技术以及物联网技术的快速发展，消费者的生活方式发生了巨大的变化。大部分的消费者都可以利用业余碎片化的时间来满足自身文化娱乐等方面的精神需求。消费者的这种社会需求在很大程度上会影响文化创意产业的发展方向，具体表现如下：一是运用创意融合的方式来深入挖掘现有文化创意产业的发展潜力，并在此基础上将信息技术融入文化创意产业之中，为消费者提供更多形式的文化服务，不断创新文化创意产业的商业模式；二是对之前未曾给予关注或未曾给予足够重视的资源进行有效的挖掘，并利用信息技术不断丰富文化创意产业的表现形式，进而推动文化产业的转型升级。另外，我们在对现有文化创意产业潜力挖掘的同时，也要以大数据信息资源为基础，结合地域的实际情况，进一步明确文化创意产业集群未来的发展方向，使其为地域经济发展贡献自身的力量。

（四）调动国有大型企业形成多元的文化创意市场主体

我们从国外文化创意产业集群发展的经验中不难发现，产业集群中的龙头企业对文化创意产业集群的发展有十分重要的影响，尤其是龙头企业的经营理念、资源实力以及企业家的素质都会直接影响其发展方向。

目前，我国国有大型文化企业在人才、资金、空间以及资源整合等方面有巨大的优势，而且这些优势是民营企业无法比拟的。例如，我国华侨城、保利、中影、华强等集团都对我国文化创意产业的发展起到了积极的推动作用。从某种意义上来讲，通过引导、调动国有大型企业的参与，可以很好地完善文化创意产业上下游的产业链，这对文化创意产业集群的形成有积极的作用。

从某种意义上来讲，调动国有大型企业的参与可以在无形中改变现有的文化创意产业集群格局，即以民营企业文化为主转向多样化企业文化格局。此外，国有大型企业的参与在一定程度上也可以有效改善当前文化创意产业集群小而散的分布、创意能力弱的状况，加快城市的创意转型。

政府应站在利益调节的角度，积极鼓励国有大型企业在文化创意产业集群建设中结合本地的实际情况进行自主创新，避免因短期利益而模仿、抄袭其他模式。通过完善创新的利益调节机制，鼓励国有大型文化企业通过并购、联盟等形式以联合优势走出国门。同时，以国有大型文化企业为龙头，"发挥龙头文化企业的创新主体作用，通过龙头文化企业来带动集聚区实现规模经济和范围经济"[1]，培育区域性的文化创意产业集群，逐步提高区域文化创意产业集群的产业集中度，以集聚效应为基础，发挥国有大型文化企业的市场主体作用。

（五）建立完善的文化创意产业集群绩效评价指标体系

一般情况下，建立并完善文化创意产业集群绩效评价指标体系的目的主要有以下几个方面：第一，实现对某一文化创意产业集群建设水平的实地考察和客观判断；第二，找出不同地区文化创意产业集群发展中存在的问题，并分析其原因；

---

[1] 顾江、车树林：《资源错配、产业集聚与中国文化产业发展——基于供给侧改革视角》，《福建论坛》2017年第2期。

第三，帮助文化创意产业集群制订战略性的规划，并在此基础上对其进行优化、改进。

在文化创意产业集群绩效评价指标体系下，我们可以对不同地区的文化创意产业集群的发展水平做出客观具体的评价，同时也可以将不同地区的文化创意产业集群放在统一的标准下进行比较。这有助于各个文化创意产业集群中的相关主体看到自身的实际情况，并找出其在发展中存在的问题，对自身发展做出客观公正的评价。

在坚持系统性、客观性、一致性原则的基础上，我们要充分利用好现有的统计资源，同时结合产业集聚区智能化数据采集系统和大数据平台的建立来构建产业集群绩效评价指标体系，借助该绩效评价指标体系来分析我国文化创意产业集群发展的实际状况。具体来讲，其主要有以下几个步骤：第一，制订评估一级指标。一般情况下，评估以及指标主要有集聚程度、核心竞争力、协同合作能力、创新能力。第二，制订评估二级指标。首先，集聚程度评估二级指标有企业关联度、区域贡献度、产业布局、可持续发展能力；其次，竞争力评估二级指标有企业数量、产品差异化、进入退出、价格控制；再次，协同合作评估二级指标有分工协作、共享资源、环境经济、企业互补；最后，创新能力评估二级指标有知识创新、产品创新、市场创新、技术创新。通过对集聚经济的深入分析可以快速、全面了解我国集聚经济的发展情况、发展规律以及发展趋势等，这为产业政策的制订和调整创造了良好的条件。

在文化创意产业集群评价指标体系下，建设跨部门、公开化的信息平台不仅能够实现信息共享，同时也可以实现数据的安全存储。此外，信息平台也具有一定的数据分析能力，能提升数据收集的科学性和准确性，这样可以从多个方面对市场信息进行分析，有效提升各个部门之间的协同合作效果，为文化创意产业集群的发展起到促进作用。

第二节　文化创意产业与资金保障

对于文化创意产业而言，财政支持便是最为稳妥、有力的资金保障。故而此节我们主要针对财政对文化创意产业的支持进行论述。

一、财政政策的基本概念

（一）财政政策的定义

所谓财政政策主要是指以政府、国家为主体而实施的一种经济行为，抑或是一种经济现象。

从西方理论研究中，我们可以发现西方学者认识到完全依靠市场调节资本很难实现社会供求均衡，当出现市场失灵的情况时，政府应当发挥其干预功能。英国经济学家凯恩斯在《就业、利息和货币通论》一书中提出了需要用政府这只"看得见的手"去弥补市场"看不见的手"在作用过程中的不足，认为可以由政府作为实施主体对经济进行干预和调节。

一般情况下，财政政策主要由三个部分组成。第一，财政政策的目标。所谓财政政策的目标，主要是指通过落实、实行财政政策而想要达到的预期目标，一般情况下财政政策的目标主要体现在四个方面：一是经济结构优化，二是总供给与总需求均衡，三是社会经济发展，四是收入分配合理。第二，财政政策工具。所谓财政政策的工具，主要是指为了实现财政政策的目标而采取的手段与措施，通常情况下，它主要包含财政收入、财政支出、政府投资以及国债等。第三，财政政策效益。所谓财政政策的效益，主要是指国家运用财政政策的工具之后产生的社会各个方面的效果，抑或是社会各个方面对财政政策的工具的反馈。

（二）财政政策的工具

正如上文所讲，财政政策的工具主要是指为了达到财政政策的目标而采用的一系列的手段和方法，通常情况下主要包含七种类型：①税收。②公债。③公共支出。④政府投资。⑤财政补贴。⑥预算。⑦折旧。

税收不仅是财政政策的工具的核心，同时也是政府财政收入的主要来源，一般情况下税收主要是通过两种方式对社会经济生产产生影响：一是税率调整，二是税制结构改革。此外，税种、税率、减免税是税收作用的主要形式。具体来讲，税收具有以下几个特点：第一，作用范围广。通常情况下，税收的作用对象不仅包含企业，同时也涉及个人，具体内容有企业或个人的经济收入、产品流转、财产总量等。第二，调节方向上具有双向性的特点。国家通过调整税收结构和税收比例的方式，可以有效调节社会生产的供需关系。第三，强制性、无偿性。众所周知，税收是国家以法律的形式强制执行的，因此税收具有一定的强制性。另外，企业或个人所缴纳的一部分税收归国家所有，而且国家不会为此支付任何的报酬，这在一定程度上说明税收具有无偿性。

公债在国家宏观调控中具有十分重要的作用。一般情况下公债的作用形式主要有以下几种：一是公债的种类，二是公债的发行、偿付的金额，三是公债的利率。公债不仅是财政政策的工具，同时也是货币政策的工具，具有有偿性、自愿性的特点。

公共支出是国家财政政策工具之一，是由政府直接参与并控制的。一般情况下，其作用形式有两个方面：一是政府拨款的数额与结构，二是产生的社会效应。

政府投资主要指的是由政府直接参与经济投资的活动，投资总量、投资结构是其主要的作用形式。政府投资一般包含两种方式：一是有偿贷款，二是无偿拨款。

财政补贴是一种无偿性的财政支出，是为了实现特定的政策目标而成立的。一般情况下，财政补贴的作用形式主要有：财政补贴的数额和比例、财政补贴的行业与项目范围、财政补贴的支持期限。从当前文化创意产业发展的情况来看，财政补贴是其目前主要的政府扶持财政政策工具。

预算主要是指国家、政府在每一个年度内制订的资金使用规划。一般情况下，其作用形式主要有以下几种：预算收支结构、预算规模、预算收支差额、执行年限预算过程中的追加和追减。

折旧是由政府部门主持的，如社会总的折旧水平、部门和行业的折旧率。

通常情况下，国家为了实现相应的财政政策的目标，往往会将以上几种财政政策的工具混合使用。

二、财政对文化创意产业发展的作用机制

近年来，那些文化创意产业发展迅速的国家纷纷建立了成熟的政策法规，充分发挥了政府在文化创意产业中的作用。

（一）财政对文化创意产业具有导向作用

从某种意义上来讲，文化创意产业财政政策的制定与落实能够引导文化创意

产业的发展方向，同时也有助于促进产业集聚的形成。纵观近年来我国文化创意产业的发展现状，它得到了较快的发展，也在一定程度上实现了多元要素的融合创新，但是在发展过程中也出现了发展雷同、缺乏特色等方面的问题。如果想要解决这些问题，就需要发挥政府财政干预引导的作用。

从宏观角度来讲，财政对文化创意产业的导向作用主要体现在以下两个方面。

第一，对市场主体的引导作用。我们通过财政政策可以有效改善现有的商业环境，并在此基础上构建知识产权保护体系，以此来维护各方的利益。此外，财政还可以加快人才引进与基础设施建设，同时也可以借助行政手段有效调配社会资源。除此之外，财政也可以引导文化创意产业资源流向某一领域。以上这些都是财政对文化创意产业的引导作用。

第二，对政府管理方式的导向作用。财政的这一导向作用也就是文化体制的创新，在新时期我们要针对新的问题进行管理创新，并运用简明、有效的手段来实现目标。目前，我国部分省市地区还存在"重农业，抓工业，轻文创"的思想，如果想要改变这一现状，就需要充分发挥财政的导向作用，让政府管理部门发现市场的细微变化，并在此基础上解放思想，积极进行创新文化与当地实际的结合，为地区发展创造新的经济增长点。

（二）财政注重文化创意产业的配套建设

现阶段，我国各级政府部门在积极为文化创意产业的发展出谋划策，如制定发展规划、制定扶持政策、构建服务平台、提供意见指导等，这为我国文化创意产业的发展创造了良好的市场运营环境，但是面对多变的文化创意产业发展需求，我们还要充分结合当地的实际情况，合理使用各级政府部门在人才、投资、办公等方面给予的财政政策。除此之外，还要结合市场发展的实际情况，确保相应配套设施的落实。

1. 支持金融机构对文化创意产业投融资

受自身发展特点的影响，文化创意产业在办理融资担保等业务时往往会遇到较多的问题。这就需要充分发挥资金引导作用，同时还要不断完善文化创意产业投融资担保体系。此外，财政也应委托金融机构开发与之相关的金融信贷产品，并建立统一的标准对文化创意产业公司进行价值评估。除此之外，财政也要规范文化创意企业的交易行为，营造公平公正的投融资金融环境。

2. 补贴知识产权保护与维权机构

从某种意义上来讲，知识产权保护不仅是文化创意产业的核心，同时也是其基础因素。因此我们要树立知识产权保护意识，并将知识产权保护战略放在首位。知识产权对一个国家而言具有十分重要的作用，直接影响国家的核心竞争力。目前，西方国家对知识产权十分重视，并从法律的层面明确了知识产权的地位，此外还从很多角度加强对知识产权保护的监管落实。当前，我国也加强了对知识产权的保护力度，并将其上升到法律的高度，但是在实际实施过程中依然存在一些问题，如缺乏对新创企业新技术研发申请专利的提醒和培训。此外在影视制作公司版权保护方面还需要加大力度。如果我们想要为文化创意产业打造一个良好的创意、创新环境，那么就需要发挥财政在知识产权保护方面的作用，如加大财政投入，确保知识产权的普法宣传教育力度，同时加大对维权等保护措施机构的财政补贴和扶持，充分调动这些机构的积极性。

3. 奖励优秀与高端创意人才

人才是文化创意产业发展的关键，为此我们要不断优化、完善文化创意产业的人才引进、培养政策，提供良好的人才保障。一般情况下，文化创意产业人才是那些具有新思想、新观点、新创意的复合型人才。这主要是由于高素质的复合型人才不仅懂得经营、金融，同时也懂得文化运营，只有在这类人才的带领下才能实现文化创意企业的转型升级。从某种意义上来讲，财政在人才培养、引进方面与文化创意产业的发展水平呈正相关关系。

发挥财政在文化创意产业中的优势，为其发展提供有效的扶持是一项长期而又艰巨的工程。如果想要充分发挥财政的优势，就需要多个方面共同协作，仅仅依靠财政很难实现这一目的。换而言之，想要发挥财政在文化创意产业中的优势，需要政府部门、金融服务机构的全力配合，二者共同制定文化创意产业的财政扶持政策，使其进入发展的快车道。

三、财政保障文化创意产业发展的对策

（一）建立完善的财政政策扶持体系

我们从财政理论的角度看，市场并不是万能的，它在特定的环境中存在失灵

的现象，此时就需要政府的有效介入，对市场中的资源进行合理的分配，从而达到最佳的配置比例。从某种意义上来讲，政府的政策性支持具有重大的作用，可以形成乘数效应，同时也可以引导社会资本进入文化创意产业。虽然目前各级政府部门在不断优化文化创意产业的相关扶持政策，但是文化创意产业处在一个多变的环境下，因此文化创意产业的财政政策扶持体系依然有待完善。

1. 加大财政支持力度

第一，制定扶持产业发展的专项财政政策。我们要从多角度、多方位完善财政扶持政策，鼓励文化创意产业积极升级转型，同时加快新产品、新项目的开发，延伸产业链，例如，北京成立了5亿人民币的文化创意产业专项资产，对其进行科学合理的管理，建立起一定的文化创意产业项目评审办法，从而为那些优秀的文化创意项目提供资金支持，并对那些做出突出贡献的项目进行奖励。从某种意义上来讲，我国一些经济条件较好的城市也可以效仿北京的这种做法，以此鼓励企业经济创新，进而激发文化创意市场的活力。

第二，政府设置专门的预算资金。政府在成立专门预算资金之后要按照一定的比例将其分配至文创发展基金和文创担保基金之中，并以此作为引导资金吸引更多的社会资金进入文化创意产业。政府应聘用专业的基金管理机构对预算资金进行管理，从而最大限度发挥预算资金的作用，即用最少的钱创造出更多的文化创意产品和项目。

第三，规范、完善政府采购制度。我国各级政府部门要充分利用采购的形式来打破现有的经济壁垒，加大对地方重点文化创意企业、文化创意产品的支持与保护。

2. 实行税收优惠政策

从现阶段我国的国情来看，税收政策的制定和实施相对较早，虽然现阶段税收对文化创意产业的扶持力度要小于其他扶持政策，但是对中小文化创意企业来讲还是很有吸引力的，可以在一定程度上缓解企业的资金压力。

（1）降低文化创意产业税率

我国政府应当为文化创意产业的发展制定相应的税收政策，以此减轻企业的负担。例如，我国政府可以通过下调税率的方式减轻重点扶持企业的税收压力，又如对那些重点扶持文化走出去的项目提高出口退税率。此外，我国政府也可以通过加大研发费用加计扣除的方式，减轻那些文化与高技术融合发展企业的税收，并以此鼓励这些企业加大自主创新能力。

（2）实行税收返还政策

所谓税收返还政策主要是指将税收收入直接或间接地返还给那些缴税的企业，抑或是制订相应的标准，对那些达标的文化创意企业按照相应的比例逐年返还，以此来鼓励文化创意企业的发展。

（3）鼓励企业和个人赞助或捐赠

此外，政府也要对那些支持文化活动、文化项目的企业实施税收优惠政策。具体来讲，政府通过税收政策的方式鼓励其他企业为文化创意产业发展做贡献，以此形成文化创意产业发展的良好风气。

3. 整合文创政策，构建政策引导体系

（1）主责部门牵头，制订新政策

为了能够更好地适应文化创意产业千变万化的发展趋势，我国政府部门应积极组建由经济和信息化委员会（经信委）、财政局、国家发展和改革委员会（发改委）、金融服务办公室（金融办）等部门牵头的组织机构，并在此基础上全方位地整理目前有关文化创意产业的扶持政策，同时还要结合当前我国文化创意产业发展的趋势，并认真分析市场准入、自主创新、知识产权保护以及出口等多方面因素，然后建立、完善有关的扶持举措，提升财政资金的投放效果。

（2）进一步加强对政策的宣传解读

我们要在文化创意产业扶持政策出台之后给予足够的重视，加强宣传力度，尤其要加强对初创企业以及那些符合申报条件的中小文化创意企业的宣传、解释力度。

4. 优化财政管理，提高资金使用效率

财政扶持资金的有效监管具有十分重要的意义，能直接影响文化创意产业的发展，二者呈正比关系，即财政扶持资金监管得好，文化创意产业发展得就好；反之，文化创意产业发展的效果就差。从目前我国的实际情况来看，之前出现过文化创意产业扶持政策被审计部门废止的案例，主要是由于财政扶持资金到位之后并没有达到预期的效果，现实中存在重复申报以及违规申报的现象。

（1）要优化财政资金投入结构

我们要不断优化财政资金的投入结构。从具体来讲，财政资金的投入重点应放在两个方面：一是经济发达地区的技术科研领域，二是经济欠发达地区的特色文化创意产业、文化遗产。并在此基础上，确保各个地区重点支持领域的资金保障。例如，北京每年都会出台《北京市文化创意产业发展指导目录》，该政策的出台不仅为政府财政投入指明了方向，同时也为北京地区文化创意企业的发展规划提供了参考意见。北京地区的这一举措值得我国其他省市地区借鉴。

（2）完善申报材料审批机制

政府部门应加强与具有相关资质的第三方机构的合作，并授权第三方机构对企业进行申报材料的审批与考核，而第三方机构要根据政府的相关政策完善申报机制：明确申报机制，优化申报、审批流程，完善评估标准与方法。在第三方机构完善申报机制的基础上，实现公开透明的审核评估。此外，第三方机构还要加强与正在执行扶持政策的企业的联系，通过回访的方式了解需要改进的地方，不断完善申报机制，从而确保扶持资金的有效使用。

（3）加强财政资金使用的监管力度

当文化创意企业通过材料审批并获得财政扶持资金之后，政府部门要建立财政扶持资金的监控机制，并积极配合金融、财政等部门加强对企业财政扶持资金使用情况的监控，了解其资金的具体使用情况。需要注意的是，政府要特别关注那些扶持资金数额较大的项目，要求企业为这批财政扶持资金开设单独的账户，并对其资金的使用情况进行监督管理。

（二）发挥财政的杠杆作用，吸引社会资本广泛参与

由于文化创意产业与其他产业有明显的区别，因此我们要充分发挥财政的引导作用，为其搭建企业服务平台，使文化创意企业与第三方在规范的平台中进行沟通、合作。

1.搭建银企沟通合作平台

文化创意产业受成本、风险等因素的影响，比较难以获得银行贷款。但是如果由政府牵头，便可以很好地促成文化创意企业与银行的合作关系，同时也在一定程度上简化了工作程序，进而降低企业的信贷成本。

政府在构建银企合作平台时可以借鉴英国三方合作机制的经验，即政府、金融机构、企业三方合作。

第一，政府应发挥财政的市场引导作用。也就是说，针对那些支持文化创意企业发展的金融机构，政府要制订"投贷奖"政策，并监督政策的落实。第二，金融机构在了解企业业务及能力的基础上，要结合实际情况适当简化信贷流程，并提高信贷额度。第三，文化创意企业要熟悉推介平台宣传企业的项目与产品。通过这样的持续沟通，可以在金融机构和企业之间建立合作互信的战略关系。

2. 建立文化创意企业信用信息库

现阶段，我国社会的整体诚信意识并不是很好，同时信用状况也令人担忧。因此，政府应当加强对企业信用意识的培养，积极宣传并倡导诚实守信。具体来讲，政府相关部门应带头组织建立文化创意企业信用信息库，并将文化创意企业在银行、工商、司法以及公安等部门的信用信息收集起来归入信息库。此外，也要对多区域内的企业进行诚信档次的划分，同时加强对区域内企业的管理，将那些不服从管理的企业列入黑名单。我们要将收集、整理的企业的征信档次、黑名单数据等信息纳入信息库之中，并通过信息库实现共享。这不仅有助于政府加强对区域企业的管理，同时也在无形中简化了企业在金融机构的贷款程序。

3. 完善中介机构服务

从某种意义上来讲，文化创意产业中介服务机构具有专业的知识和规范的管理，同时也有着广泛的人脉资源和丰富的资源，可以为文化创意产业的发展提供配套的服务，因此财政部门应积极鼓励成立规范、专业的文化创意产业中介服务机构。

首先，建立专业的无形资产的价值评估中介机构。无形资产价值评估中介机构可以运用自身的专业知识和科学的评估标准对文化创意产业的无形资产进行评估，进而使企业的无形资产形成对等的价值，为企业融资活动的开展提供保障。

其次，建立知识产权交易机构。建设一个信息丰富、秩序良好、交易活跃的知识产权交易市场，可以有效促进知识产权在市场上的流转，发挥市场的基础性作用。

最后，建立知识产权监督机构。通过建立知识产权监督机构，一方面可以帮助金融机构对文化创意企业进行监督，促使知识产权最终价值的形成；另一方面对现存的知识产权进行监督可以保证市场的公平竞争。

4.发展地方性金融机构

一般情况下，地方性金融机构主要指的是由地方政府、经济组织或个人出资建成的金融组织，如地方性的商业银行、信用社等。通常情况下，地方性金融机构具有规模小、资金少、组织结构简单、经营灵活、投资效率高等方面的特点，而地方性金融机构的这些特点与文化创意企业的发展特点有较高的匹配度，如文化创意企业发展规模小、在资金需求方面具有"急、少、频"的特点，因此我们应加大对地方性金融机构的支持。

首先，取消不利于地方性金融机构发展的歧视性政策。在政策方面我们要为地方性金融机构的发展创造良好的环境，只要它们的发展符合法律要求，同时也是为经济发展服务，那么我们就应当对其一视同仁。

其次，优化发展规划。政府应鼓励、引导地方性金融机构将发展规划的重点放在文化创意产业方向，同时开展具有特色的专业性服务，这样可以避免与一些大的金融机构产生同质化竞争。

最后，加大对地方性金融机构的扶持力度。在上文的分析中，我们已经提到地方性金融机构可以有效缓解文化创意企业资金困难的问题，同时也可以在无形中将民间资本、社会资本引入正常的融资贷款体系。所以，政府应对地方性金融机构在财政、税收等方面给予一定的支持，助力其做大做强。

第三节 文化创意产业与知识产权

一、文化创意产业与知识产权的关系

现阶段，文化创意产业的发展受到很多国家的重视，从其发展过程中我们不难发现它与知识产权之间有着紧密的联系，接下来我们将对二者的关系进行相应的论述。

（一）文化创意成果是知识产权的保护对象

学理上对于"知识产权"的定义，一直存在"列举主义"和"概括主义"两

种方式。《建立世界知识产权组织公约》第二条第八款就是采用典型的"列举主义"方法对"知识产权"进行定义。我国法学界常用"概括主义"作为知识产权概念的定义方法。例如,有学者将其定义为:知识产权是基于创造性智力成果和工商标记依法产生的权利统称。[1] 从以上的论述中我们可以发现,无论是从何种角度对知识产权下定义,它都是非物质性的,是以人的智慧活动为基础,依法享有的专利权利。

从某种意义上来讲,非物质性是知识产权最明显的特征,同时也是区别于其他财产权的本质特征。如果知识产权失去了非物质性,那么它的时间性、地域性以及排他性也将不复存在。通常情况下,知识产权的客体依附于物质载体,但是这并不代表知识产权的客体是物质载体本身。也正是由于这一方面的原因,法律对物权保护的规定和对知识产权保护的规定就有所区别,其中物权的保护对象是可以进行占有和公示的,而知识产权的保护对象是不能被占有和公示的。我们以文化艺术作品为例来进行具体解释。对于某一艺术作品的物质占有者并不代表他就具有艺术作品的著作权,其实他只是对知识产权载体的占有。

通过对知识产权的定义、特征等方面的分析,我们不难发现知识产权的这些特性与文化创意产业的非物质性、智慧劳动性的特征十分吻合,文化创意成果的非物质性使其成为知识产权的客体。当然这样的推论并不代表所有的问题都得到了解决,目前在文化创意产业发展与研究中还存在这样的问题:既然文化创意成果是知识产权的保护对象,那么其创作过程中的阶段性智力成果是否也是知识产权的保护对象?关于这个问题,我们可以确切地回答:是。这主要是由于阶段性智力成果也具有非物质性,这也使其具备了成为知识产权保护对象的法律特征。

但是需要注意的是,在创意研发阶段出现的短暂性的思维、观点、风格、灵感等不属于知识产权的保护对象,因此文化创意企业及研发人员应尽早将这些思维、观点、灵感等进行有效的表达,然后申请专利,从而保护其权益免受侵犯。

(二)文化创意产业离不开知识产权的制度保障

从某种意义上来讲,创新从简单的复制行为中脱离出来,并利用现代科学技术对文化资源进行深度的加工,从而使文化创意转变为利润,并最终形成比较完

---

[1] 彭爽、何小王主编:《新编法律基础教程》,中国传媒大学出版社2011年版,第179页。

善的文化创意产品。通常情况下，一个文化创意产品不仅可以将商品转换为价值，同时也可以将其投入到其他产业之中，这就是生产力。但同时也存在着由于文化创意产品的价值来源于无形资本，初始创作成本很高，重复消费率低，复制、传播成本低廉的问题。如果缺失知识产权的保护，不仅会使权益人的利益受损，同时也会使创意价值被随意模仿，最后一文不值。

在上文的分析中，我们提到知识产权是一种无形的财产权，是人们智力成果依法享有的专项保护权利。

第一，文化创意产业主要是通过创新、构想以及技能的运用形成以智慧财产为代表的无形财产。这些都需要获得知识产权的保护。第二，智慧成果是文化创意产业的核心，需要得到知识产权的保护。

（三）知识产权贯穿于文化创意产业链的全过程

文化创意产业的市场运行并不仅仅指的是文化创意产品投入市场，从实际来讲，无论哪一种创意成果想要形成产业链，势必要经过多个环节，如创作、制作、开发、消费。此外，在这个过程中还会出现由创意成果衍生出新的创意产品的情况，而这个复杂的过程又与知识产权有紧密的联系，如图4-3-1所示。

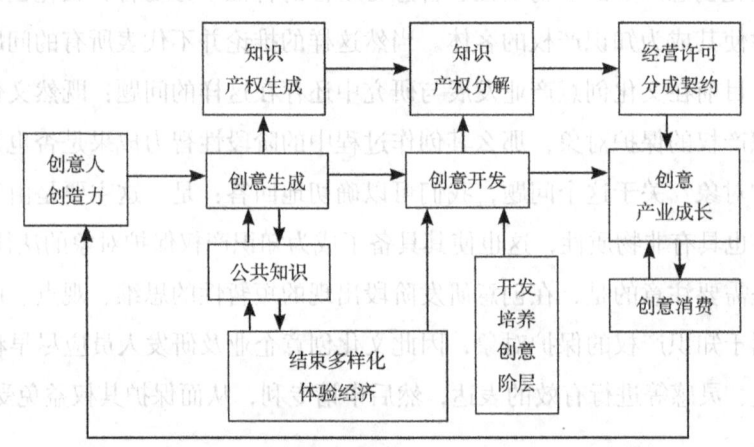

图4-3-1　知识产权贯穿于创意产业整个流程示意

接下来我们以艺术作品为例进行分析。艺术家甲创作出一件雕塑品，并受到艺术界的一致好评。公司乙想要以该雕塑品作为原型按照一定的比例进行仿制和批量生产，于是与艺术家甲沟通协商。最后艺术家甲将发行权授予了公司乙，公司乙在拿到发行授权之后又委托公司丙对工艺品进行宣传，然后将工艺品投入市场。我们可以看到最初由艺术家甲制作成艺术品，然后公司乙对艺术品进行复制加工，最后由公司丙进行宣传销售的整个过程涉及著作权转让等知识产权方面的问题，所以从某种意义上来讲，文化创意产品的市场运行本身就是知识产权的传播与交易。

二、文化创意产业知识产权保护的意义

（一）增强文化创意产业核心竞争力

一般情况下，知识产权的获得可以有效提升公司产品的市场竞争力。例如，德国默克制药公司研发的舒降之是一款降血脂的药物，该药物在美国的专利保护期限至 2006 年。在 2006 年之前，该药物的市场价格为 3 美元一丸，全球每年的销售额能达到 4.4 亿美元。但是在 2006 年之后，其专利保护到期，随之而来的是价格的下跌，当年全球销售额降低至 2.5 亿美元。这个案例在很大程度上表明知识产权保护与产品竞争力之间成正比关系。

台湾宏碁集团的前董事长施振荣先生提出了"微笑曲线"（图 4-3-2）。该曲线图将不同产业链不同阶段的附加值的变化作为标准，并通过"微笑"这个形象的图案向我们阐释了知识产权在产业生产中的主导作用。

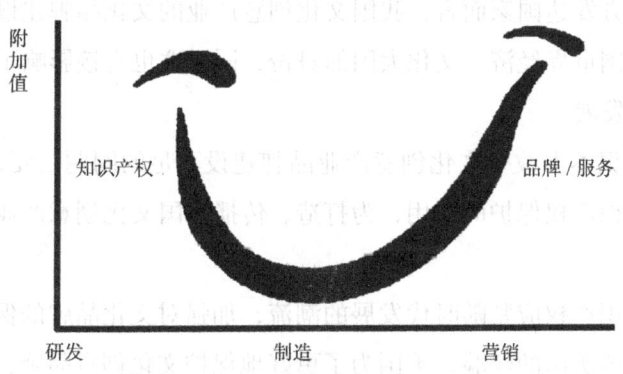

图 4-3-2 "微笑曲线"示意

如图 4-3-2 所示，我们可以看出横轴上有研发、制造、营销三个阶段，而纵轴上体现的则是附加值。随着纵箭头的上升附加值也会随之上升，其主要表现在

示意图的最左端,即研发阶段,这表明产品的创新研发会给企业带来较高的利润。但是当曲线图在制造位置时,附加值却下跌至低谷。这说明,在加工制造阶段,产品的共性越来越多,因此企业的利润空间会被压缩得很低。当曲线图在营销位置时,附加值又有了明显的上升,这说明企业品牌建设可以为企业创造更多的利润空间。

我们通过"微笑曲线"可以发现,技术研发、知识产权对于一个企业十分重要,如果企业缺乏这些因素,那么在竞争中将会处于被动的局势,企业的利润空间也将会被压缩。因此企业应充分重视技术研发与知识产权的发展,提升企业在市场上的竞争力。

(二)塑造民族品牌

目前人们对"品牌"这个词并不陌生,它不仅是区分产品的标识,同时也可以给消费者留下深刻的印象。品牌在文化创意产业发展过程中具有十分重要的作用,可以提升文化创意企业的市场影响力和竞争力。

众所周知,文化创意产业是21世纪的新产业,西方发达国家十分重视文化创意产业的品牌建设,因此很多品牌在国际市场上具有较强的竞争力,同时文化创意产业也成为西方发达国家的支柱产业,如美国好莱坞、日本动漫、韩国网游等。

相对于西方发达国家而言,我国文化创意产业的文化品牌建设比较落后,这非常不符合我国世界经济、文化大国的身份,同时这也直接影响了我国文化产业向更高层次的发展。

我们要从根本上改变文化创意产业品牌建设不足的问题。要达到这一目标,势必要借助知识产权保护的作用,为打造、传播我国文化创意产业民族品牌保驾护航。

第一,知识产权应紧随时代发展的潮流,加强对文化品牌的保护力度。这一点我们可以借鉴美国的经验。美国为了更好地保护文化创意品牌,颁布了《版权法》。此外美国于1980年颁布了《计算机软件保护法》,这是世界上第一部利用版权方式保护软件知识产权的法律。这在当时可谓是具有极高的前瞻性。美国通过法律的方式有效地加强了数字版权的保护,这为美国的软件产业发展创造了良好的环境。

第二，借助知识产权保护，塑造民族品牌。我国文化创意产业的发展是建立在我国传统历史文化的基础上的，并以此为载体进行文化产品的创新，因而知识产权可以为其创新研究提供保障，为民族品牌的塑造保驾护航。

（三）保障文化创意产业可持续发展

物质是有限的，而创意是无限的。从某种意义上来讲，知识产权是促使文化创意产业走向可持续发展道路的基础和保障。通常情况下，一个好的想法、一个灵感都有可能转换成创意产品。这也是文化创意产业发展的内在驱动力。如果这些无形的想法、观点被众人所复制、模仿，那么企业势必会丧失获得高额利润的机会，也很难得到社会的认可与关注。

从更高的层面来讲，如果一个国家的文化创意活动无法得到有效的回报，势必会打击创意人员的信心，影响智慧劳动的投入。同时，如果一个产业失去了创新，那么它将会在市场价值链的最底端游走，随时可能面临崩盘。

我们不能否认现阶段我国就面临着文化创意转换比例较低的问题，文化创意企业的创意灵感转换为成果的能力有待提升。

文化创意人员的灵感运用于创意研发的比例直接反映了一个企业的创意能力。从当前我国文化创意企业的实际情况来看，文化创意人员的灵感、想法运用与创意研发的比例较低，而这些又是文化创意成果产生的必要条件。

众所周知，知识产权的保护为人的智慧劳动带来了一定的收益，保障了人们的智慧劳动成果。所以，知识产权保护可以为文化创意产业注入新鲜的活力，激发文化创意人员创新的热情。

三、我国文化创意产业知识产权保护的对策

现阶段，我国文化创意产业已获得了较大的发展，并取得了一定的成绩。与此同时，在文化创意产业发展的过程中也逐渐形成了相对完善的保护体系，其中包含法律法规、地方政策、知识产权保护等。我们在庆祝文化创意产业发展成果的同时，也要清楚地认识到现阶段我国文化创意产业知识产权保护方面还存在一定的问题，需要进一步对其进行完善。

（一）优化文化创意产业知识产权保护政策和法律制度

制度保障对于一个产业来讲十分重要。制度是产业发展的基石，因此文化创意产业的发展离不开制度保障。

1. 制定和完善文化创意产业知识产权法律制度

目前我国关于文化创意产业调整与保护的知识产权法律有三部：一是《中华人民共和国商标法》，该法律是1982年颁布的，并于1993年、2001年、2013年以及2019年进行了四次修订；二是《中华人民共和国专利法》，该法律是1984年颁布的，并于1992年、2000年以及2008年进行了三次修订；三是《中华人民共和国著作权法》，该法律是1990年颁布的，并于2001年、2010年进行了两次修订。除此之外，与之相配套的法律还有很多，如《中华人民共和国民法总则》《中华人民共和国合同法》《中华人民共和国反垄断法》等。但是从目前我国的立法情况来看，还没有专门针对文化创意产业知识产权保护的法律法规。

在上文的分析中我们提到，文化创意产业是一个新兴的产业，无论是概念、保护体系、责任义务，还是准入标准等内容，在法律上都没有明确规定。这对其发展造成了很多不便。因此，政府应加快制定一套完善的文化创意产业知识产权基本法，为文化创意产业的发展提供指导思想和法律保障。

2. 制订和强化文化创意产业知识产权保护的政策

从发展的规模上来看，我国文化创意产业依然处于发展的初级阶段。通常情况下处于这个发展阶段的产业如果仅仅依靠市场机制来发展，势必在发展的过程中面临很多的问题。想要加快发展，就需要借助法律、法规等多个方面政策的保护。但是目前我国关于文化创意产业的相关法律法规还不是十分健全，因此我们应加强建立健全法律法规，为文化创意产业的发展创造良好的环境。

第一，政策的制定应具有战略性。政府在制定、完善文化创意产业相关法律法规时应将其提到国家发展战略的高度，并由中央政府牵头推动文化创意产业政策的制订和落实。

第二，政策的制定应具有多样性。政府应从全局的角度来制定文化创意产业的相关政策和法规，同时也要采用多样化的调整手段。

第三，政策的制定应具有一定的灵活性。从某种意义上来讲，制定政策主要是为了弥补法律的不足。近年来，文化创意产业的发展异常迅速，因此相关的法律政策也应当随之而变化。所以，当文化创意产业的某一项政策已经无法适应产业的发展需求时，政府应及时废止，并对其做出相应的调整。

第四，强化地方政策的制定，并发挥其重要作用。众所周知，我国国土面积广阔，民族、人口众多，不同的地区有其独特的民俗风格，所以当地政府要结合本地的实际情况制定相关的方针政策，以促进本地区文化创意产业的健康发展。

总而言之，政策对文化创意产业的发展有不可替代的作用，能够为文化创意产业创造良好的发展环境。

3. 创新文化创意产业的知识产权保护方式

目前我国对文化创意产业主要采用的是"事后保护"的方法，但是我们要知道文化创意产业作为一个知识密集型的产业，随时随地都会产生创意，在整个过程中也会出现许多阶段性的成果。由此可以发现，如果我们在对文化创意产业进行保护时，只注重结果，而忽视发展中的各个阶段，难免会产生损害创意者经济收益的现象，进而影响产业的创新热情。因此，我们应转变"事后保护"的方法，采取主动保护的方法，注重对创意成果知识产权的主动保护。

4. 完善文化创意产业知识产权行政管理体制

目前，我国有关文化创意产业管理部门比较分散且部门数量比较多。这种多部门管理的方式在一定程度上限制了文化创意产业的发展，同时也在无形中阻碍了文化创意产业政策、法规的落实与推广。因此我们要完善行政管理机制，对当前的部门进行优化、整合，同时成立专门的文化创意产业行政管理部门。

面对当前的行政管理现状，可以从以下几个方面进行优化完善：第一，将网络数字类文化创意成果的管理权从工业部和信息化部分离出去，交由文化和旅游部管理；第二，在文化和旅游部内部成立文化创意产业公司，专门负责我国文化创意产业的相关工作；第三，在地方政府成立专门的文化创意产业管理办公室，专门负责地区的文化创意产业的发展。

总而言之，通过成立、优化专门的文化创意产业行政管理机构，不仅可以协调产业和政府、社会的关系，同时也可以借助财政补贴、人才引进等行政手段统一规划文化创意产业的发展格局，全面推动文化创意产业的发展。

（二）建立文化创意企业知识产权防火墙

我们之所以要让企业建立知识产权防火墙，就是要从根本上改变企业的知识产权观念，目前大部分企业认为只要申请了专利、注册了商标就万事大吉。这种观念是不对的。从某种意义上来讲，知识产权防火墙的建立，不仅让企业积极主动申请专利，同时也打击那些侵犯专利的行为。

如果想要实现这一目标，就需要加强对文化创意企业的法律宣传，让他们真正地树立起知识产权法律保护意识。从企业的角度来讲，如果一个文化创意企业不懂得保护自身的知识产权，那么在这个信息快速发展的时代，就很有可能陷入知识产权纠纷之中而无暇顾及企业的创新发展。

由此可以看出，加强对文化创意企业知识产权保护意识的培养，学会积极主动维权，对于提升我国企业市场竞争力具有重要的作用，同时也是提升企业品牌效力的有效途径。

文化创意企业不仅要做好著作权、专利权的工作，同时也要做好商标权的监督工作。这三个方面都十分重要，如著作权，它主要涉及的是网络侵权。随着网络信息技术的快速发展，人们通过网络平台可以提升作品的传播范围，同时也可以获得客观的流量，但是这也为维护著作权带来了诸多的不便。通常情况下，文化创意企业应从多渠道来监控著作权，如网络监控、网页上传等。当发现侵权行为时应马上采取行动，避免造成不必要的损失。一般情况下，可以通过谈判、行政处罚、司法诉讼等方式维权。

（三）确立文化创意产业知识产权纠纷快速解决机制

知识产权的司法解决机制一直是我国知识产权保护中的重要组成部分。目前文化创意企业的创意人员急切希望得到司法部门对创意成果的保护。现阶段，文化创意企业也认识到司法部门是创意成果保护的重要部门。然而目前我国司法部门在文化创意产业成果保护工作方面还存在一定的不足，需要进行优化完善。

通常情况下，一个文化创意产品从投入市场到退出市场的时间是较短的，但是被模仿、复制的速度却很快，如果我们仅凭单一的司法诉讼来保护知识产权，那将是一场持久战，即便企业最后取得了司法诉讼的胜利，但是文化创意产品在市场上的影响力已经下降，不复当日。因此，通过法律诉讼获得的经济赔偿，远远无法达到创意产品黄金时期所带来的经济收益。

具体来讲，目前我国知识产权纠纷解决机制还存在以下几个方面的问题。

第一，作为新兴产业的文化创意产业与现代科技、信息网络技术有十分密切的关系，但是关于知识产权纠纷的解决机制长期以来没有变化，因此现有的知识产权纠纷解决机制无法为解决新问题提出更好的方案。

第二，目前我国知识产权纠纷的解决机制主要是以诉讼为主。众所周知，诉讼存在周期较长、成本较高、大众难以接受等方面的问题。

英国是世界上第一个提出文化创意产业概念的国家，目前已经形成了比较完善的保护体系。英国政府对文化创意产业知识产权纠纷解决机制进行了完善，设置了专门的地方民事法院，积极鼓励人们运用民事纠纷的方式来解决知识产权纠纷问题，这在一定程度上加快了知识产权纠纷的解决速度。此外，英国专利局还专门创建了一套新的调节服务系统，以此来帮助人们解决知识产权纠纷。

我们可以借鉴国外在文化创意产业知识产权纠纷解决机制方面的经验，并以此优化我国文化创意产业知识产权纠纷解决机制，具体可以从以下几个方面出发。第一，我们要改变传统过度依赖诉讼的解决方式，将目光放在诉讼之外的司法解决方式，并在此基础上结合文化创意产业的特点，构建与民事诉讼制度相关的多元化纠纷解决机制。第二，充分发挥政府行政主体的引导职能，积极介入文化创意产业知识产权纠纷解决之中，缩短企业维权的时间。第三，降低侵权行为追究刑事责任的标准。目前文化创意产业得到了快速的发展，如果再按照之前的侵权行为追责标准，将无法适应当前的发展要求，因此要降低其追责标准，加大对侵权行为的处罚力度。

（四）构建文化创意产业知识产权服务平台

从某种意义上来讲，知识产权的保护、利用与开发是文化创意产业发展的核心。然而文化创意产业知识产权体系的构建并非一朝一夕的事情，而是需要很长时间才能使其逐渐完善。

目前构建知识产权服务平台显得更有必要。之所以要构建知识产权服务平台，主要是为了更好地实现文化创意产业的知识产权价值。通常情况下，知识产权服务平台主要包含两个部分：一是公共服务平台，二是中介服务平台。知识产权服务平台的这两个部分相互协作，使文化创意产业实现知识产权价值的最大化。

1. 文化创意产业公共服务平台

文化创意产业公共服务平台就是为了更好地服务产业内的所有企业，为文化创意产业的发展提供良好的保障。具体来讲，在文化创意产业公共服务平台建设过程中，政府应发挥自身的主导作用，同时也要成立专业机构对公共服务平台进行行政管理，从而提升公共服务平台的信息服务水平，为更多的文化创意企业提供信息服务。此外，注重对人才的培养和输送，调动产业内创意人才的创新热情。除此之外，加强对创意企业人才引进，同时减少企业专业人才的流失。

2. 文化创意产业中介服务平台

从某种意义上来讲，专业化的中介服务平台可以为文化创意产业提供更加优质的服务，文化创意产业中介服务平台的构建是文化创意产业发展的必然结果。虽然现阶段我国文化创意产业发展的势头比较猛，但是我们要清醒地认识到我国文化创意产业依然处于初级发展阶段，其未来的发展需要多方面力量的支持。如果快速集聚社会各个层面的力量进入文化创意产业，就需要一个专业化的知识产权中介服务平台。具体来讲，文化创意产业知识产权中介服务平台主要有以下三个方面的功能。

第一，信息收集。对市场上关于文化创意产业知识产权保护的信息进行收集，并按照时间顺序存档保存。具体来讲，信息收集包含登记著作权的信息收集、注册商标信息的收集、获得专利的信息的收集。通过这些信息的收集，文化创意企业就可以通过平台了解目前已经申请的专利情况，从而避免重复创作和侵权。

第二，市场开发。文化创意产业知识产权中介服务平台的市场开发功能主要指当企业进行产品宣传、销售时，平台为其提供咨询、推广、知识产权等相关的服务。

第三，维权服务。文化创意产业知识产权中介服务平台的这一功能主要是指平台为那些遭受侵权的文化创意企业或个人提供维权的帮助，最大限度减少被侵权方的经济损失。目前，我国文化创意企业主要是以中小型企业为主。这些企业经营者的知识产权保护意识十分薄弱，大部分的企业在遭受侵权之后并没有足够的时间和人力去维权，也不知道应通过何种方式进行维权。而中介服务机构则能结合文化创意企业的实际情况，为文创企业提供法律咨询、介绍律师、求助行政部门等方面的帮助，在最短的时间内帮助文创企业维权，降低他们的损失。

（五）创立文化创意产业知识产权保护民间联盟

在上文的分析中，我们讲到文化创意产业知识维权需要社会各个方面的共同努力,但归根结底文化创意产业知识产权维护的主体还是企业。虽然目前我国文化创意企业的类型各式各样,大到企业,小到工作室,但是不管怎样,这些都不能动摇这些企业维权的主体地位。因此,要最大限度地保护自身的知识产权免受侵害,就应加强文化创意产业的内部联系,成立知识产权保护联盟。这也是目前文化创意产业自我保护的主要途径之一。

文化创意成果知识产权的维护本身就是一项十分困难的工作,再加上我国文化创意产业均是中小型企业,无论是在财力上,还是在人力上,都不具备维护知识产权的优势。但是如果将所有的希望寄托于政府,那也是不现实的。通过建立知识产权保护民间联盟则可以促进我国文化创意企业间的交流与合作,彼此之间相互帮助。此外,知识产权保护民间联盟的成立也可以充分发挥行业中的市场、技术、人才优势,从而提升知识产权维权的能力。

(六)培养全社会的文化创意产业知识产权保护意识

我们都知道,意识对事物的发展有一定的影响。一般情况下,正确的意识可以推动事物的发展,反之错误的意识则阻碍事物的发展。因此我们要在全社会范围内树立尊重知识、保护知识产权的意识,只有这样才能充分保障创意人员的合法利益,使他们始终充满创新的热情。文化创意人员可以通过创意成果获得应得的回报,同时创新成果也为社会创造了更多的财富。

第一,针对当前我国人民大众知识产权意识淡薄的情况,我们要深入群众生活之中,并找出造成这一情况的真实原因。众所周知,我国关于知识产权的立法起步较晚,同时在知识产权保护的宣传上也不是十分到位。这都是导致我国民众知识产权意识较低、维权能力不高的主要原因。针对这样的问题,我国政府应加强知识产权的普法力度,通过知识产权的普及,让人民大众知道"知假买假"的严重性,同时也让人民大众了解知识产权的保护与自身实际生活息息相关。与此同时,政府也要鼓励人民群众将知识产权法作为维护自身知识权益的武器,并以此保护自己的创意成果。

第二,在上文分析中,我们讲到文化创意产业是一个新兴的产业,其概念、产品范围等内容在法律上没有一个统一的规定,加之地方政府推广文化创意产业的时间并不是很长。这在一定程度上使文化创意产业没有良好的群众基础,除了相关的产业工作人员之外，大众对这个产业的情况并不是十分了解，文化创意产业知识产权的保护问题更无从谈起了。因此，我们只有加大宣传力度，让更多的人了解文化创意产业的信息，并在此基础上让人民大众了解文化创意产业知识产权保护的重要性，这样才有可能为文化创意产业知识产权保护营造良好的氛围。

第三，充分利用国家、行政机关的优势，培养人们的知识产权保护意识。政府在宣传、教化方面有得天独厚的优势。具体来讲，行政机关应担负起监督、宣传以及指导的职能，逐渐让人民大众和文化创意企业树立知识产权保护的意识。当人民大众和文化创意企业形成良好的知识产权保护意识之后，就会在社会范围内形成知识产权保护的文化氛围。这对我国文化创意产业的发展将会起到巨大的推动作用。

第四节　文化创意产业与人才培养

众所周知，影响文化创意产业发展的因素有很多方面。如果文化创意产业想要得到更好的发展，不仅要得到国家政策的大力支持，还要得到国家在人力资本上的扶持。从某种意义上来讲，人力资本是文化创意产业发展的核心要素，对文化创意企业未来的发展起决定性的作用。

美国文化经济学家理查德·弗罗里达认为，社会已分化成四个主要的职业群体：农业阶层、工业阶层、服务业阶层和创意阶层。创意阶层包括一个"超级创意核心"，这个核心由从事科学和工程学、建筑与设计、教育、艺术、音乐和娱乐的人员构成。他们的具体工作是创造新观念、新技术和（或）新的创造性内容。除了这个核心，创意阶层还包括更广泛的群体，即在商业和金融、法律、保健以及相关领域的创造性专业人才。[①]

加强对文化创意产业人力资本的投入与开发，推动人力资本的培育已经成为目前社会关注的热点问题之一。文化创意产业人力资本是否能够得到改善，直接影响产业的发展，因此如何优化文化创意产业的人力资本结构、提升人才素质，成为现阶段文化创意产业发展的关键。

---

① 张维迎：《所有制治理结构与委托代理关系》，《经济研究》1996年第9期。

一、文化创意人才的特征

(一)想象力

想象力对于创意人才具有十分重要的作用,不仅是人的一种思维方式,同时也是创意人才实现创新的基本保障,是衡量创意人才素质能力的核心要素。从本质上来讲,想象力就是寻求物与物之间的联系,即寻求、发现、评价组合事物之间的相关关系。

从更深层次的角度来讲,想象力就是用一种可信的、品调高的方式将那些原本没有联系的事物联系在一起,并产生新的有意义的关系。例如,一些艺术家在创作时往往会采用"詹姆斯式思维"的方法。该方法主要是寻找事物之间的相同性,并将那些原本没有联系的事物联系在一起。通常情况下,那些具有"詹姆斯式思维"能力的人都有着敏锐的观察力。他们可以通过繁杂的事物表面看到事物的本质,并在此基础上展开联想,从而找出事物之间的相似之处,然后以合理的逻辑将其联系在一起,形成一个新的关系。

从某种意义上来讲,想象力在创意的过程中并不是简单地再现,而是对记忆的提炼、升华与扩展。在这个过程中,创作者会由一个设想而产生另一个设想或更多的设想,并在此基础上生成新的作品。

(二)创新性

从某种意义上来讲,创新思维是人类更高级的心理活动,同时也是创新力的核心,是文化创意应该具有的特征。

具体来讲,创新思维主要有以下几个方面的特征:第一,具有积极探索、自强不息的精神;第二,具有不甘落后、竞争向前的决心;第三,勤于思考、善于钻研的习惯;第四,具有强烈的内驱力,能自觉填补知识空白;第五,具有灵活的思考方法和思路。

(三)高流动性

现阶段,我国文化创意市场上的创意人才存在供给不足的现象,同时我国文化创意产业各门类之间有一定的互通性,加之文化创意人才一般都是年轻人,因此,在这些因素的共同作用下,我国文化创意人才的流动性较大,他们不会在一个固定的工作岗位上长期工作，常常会寻找更好的发展空间。除此之外，当前我国文化创意产业的生产组织形式主要以松散的个体劳动或简单的集体协作方式，所以从业人员大都是自由职业者，不属于某个固定的经济体。

以上这些原因都在无形中导致我国文化创意产业人才的高流动性。

（四）鲜明的个性

只要是创造型的人才，往往都具有独特的个性品质。这在文化创意产业领域同样适用。一般情况下，人的认知、情绪、态度以及行为等因素直接决定了一个人的个性特征。广泛而持久的兴趣在创造活动中具有十分重要的作用，是推动人进行创新创造的重要心理因素，可以有效地激发个体从事创造活动的热情。此外，它还可以发挥个体的智力作用，提升个体的感知力，最终提升个体的创造效率。因此，良好的个性特征是进行创造活动必不可少的心理保障。

（五）轻规则、敢挑战

要紧随文化创意产业专业的发展，甚至要领先产业领域的发展速度，创意人才就要实时更新自身的知识储备。一般情况下，创意人才的知识更新有两个途径：一是自我学习；二是团队合作，通过团队合作的方式来掌握新的知识和方法，进而推动创意源的革新。然而，重创新的特性也决定了创意人才崇尚个性、自由、竞争、宽松和开放的环境，不愿意受规则或权威的约束。创意人才具有一定的风险意识和挑战精神，敢于突破陈规陋习，勇于挑战技术权威和知识权威，经常以新思想、新技术和新方法开发新产品、开辟新市场、开创新局面。

二、文化创意人才的重要性

知识更新和技术创新成为知识经济时代经济增长的中心环节。知识在知识经济时代的重要性不言而喻，是创造社会财富的基本要素。另外，在知识经济时代，人才尤其是创新型人才已经成为国家发展的重要战略资源，人才对推动经济可持续发展有重要的作用。在党的十七大报告中明确提出了"人才强国"的战略，将人才问题提升至国家战略的高度，这无不充分说明培养创新型人才的重要性和紧迫性。

从某种意义上来讲，创意是创新的前提和基础，创意在经过一系列实践活动之后才会变成创新。如果从这一点来看，创意者和创新者是相通的，这主要是由于二者都从事创造性劳动。创意人才是创意者中的佼佼者，因此对推动社会的发展与进步有十分重要的作用，同时其作用是不可替代的。

通常情况下，文化创意产业的发展受多方面因素的影响，如技术、资金、资源等，而创意人才便是其中最为突出的一个影响因素。现阶段对于发展文化创意产业来讲，如何将人才资源转换为产业资源是急需解决的问题，同时也是实现文化创意产业快速发展的关键。从现实的角度来看，如果文化创意产业没有专门的创意人才，产业领域中的机器、设备、网络等都将形同破铜烂铁。我们只有将所有的资源充分利用起来，才能将文化、科技、经济有机融合在一起，并创作出市场需求的内容。这也是文化创意产业的立足之本。

我们以CG动漫产业的发展为例进行具体分析。《黑客帝国》《星战前传》《超人总动员》一系列国际影视大片在制作时运用了CG技术，从而推动了CG技术在21世纪的快速发展。《蜘蛛侠》也使用了CG技术，其所产生的效果足可以让我们认识CG技术的魅力，虽然《蜘蛛侠》电影的票房收入只有15亿美元，但是由此而产生的衍生品的收入高达45亿美元，这在很大程度上要归功于CG技术的研发人才。该技术给人们带来了巨大的视觉冲击，从而带来了可观的收益。

三、文化创意人才的培养

创意人才的开发与培养是一个复杂的系统工程。我国创意人才开发的框架体系必须在把握创意人才的基本特征与借鉴发达国家成功经验的前提下，建立以政府为指导、以企业为主体、以高校为支撑、以科研机构为载体的政产学研战略联盟，通过共建创意平台，开展合作教育等方式，最终才能共同培养具有广阔国际视野和较高创意能力的中国式创意人才队伍。

（一）完善创意人才培育政策

①加大创意人才发展资金投入力度，保障创意人才发展重大项目的实施。

②鼓励和支持企业和社会组织建立创意人才发展基金。

③在重大建设和科研项目经费中，应安排部分经费用于创意人才培训。

④适当调整财政税收政策，提高创意企业职工培训经费的提取比例。通过税收、贴息等优惠政策，鼓励和引导社会、用人单位、个人投资创意人才资源开发，健全与规范社会捐助等创意人才基金的筹集管理制度。

⑤利用国际金融组织和外国政府贷款投资创意人才开发项目。

⑥在用人单位的投入中，我们要成立专项资金，以此来吸引更多的创意人才，同时这项专项资金也要用于创意人才的开发、培养以及职业发展。

⑦创新创意人才的引进形式。为了能够吸引更多的创意人才，我们要逐渐建立"绿色通道""智库"，此外也可以咨询委员会的形式，聘用一些具有丰富经验的国外顶尖人才担任文化发展顾问。此外，我们也可以依托文化社团组织、文化人才中介等途径来拓宽人才的引进渠道。

（二）营造文化创意氛围

知识经济时代，文化与经济、文化与科技的融合趋势日益明显，创意文化在经济社会发展中的作用越来越重要。党的十八届三中全会指出，建设社会主义文化强国，增强国家文化软实力，必须坚持以人民为中心的工作导向，将社会发展效益放在首位，同时还要实现社会效益和经济效益的协调统一，将激发全民族文化创造力作为活动的中心环节，不断推进文化体制的改革。

在创意人才开发与培养过程中，有必要加大创意文化的宣传教育力度，利用多样化、人性化传播手段，向全社会弘扬创意精神，传播创意理念，增进社会大众对创意文化的认知、理解和心理认同，点燃创意阶层的创意梦想和激情。

创意文化宣传教育要从基础教育抓起，并拓展到职业技术教育、高等教育，并在此基础上大力开展以"三创"为核心的创意教育教学改革，将创意、创新、创业融入教育之中，让青少年从小接受更加全面的人文艺术熏陶，激发大众的想象力与创造力，培育其文艺精神，为创意产业发展营造浓厚的社会氛围。

（三）高校开设创意课程

建设文化创意产业的相关学科，相关专业高等院校可以设置一些综合性的文化创意产业专业，通过专业教学为文化创意产业培养更多的经营管理人才、营销策划人才，从而为文化创意产业的发展提供良好的人才保障。

文化创意产业是一个多行业、宽领域的行业，涉及的领域较多，其中有广告、影视、网络游戏、动漫等，因此高校可以考虑在文化创意产业专业下开设相应的专业方向，以此来深化某一子行业的知识和技能教育。需要注意的是专业方向的设置不仅要具有专业性和技术性，同时也要充分体现专业的综合性和宽口径。

因此，高校在强化原有专业教育的基础上，还要开设其他方面的课程，如经济管理类、科学技术类、信息技术类、数字化技术、网络技术等。在这样的专业、课程设置环境下培养出来的人才，才能不仅懂得文化艺术创作，同时也懂得专业技术和经营管理等方面的知识，是真正的复合型人才，对文化创意产业的发展有着重要作用。此外，高校在了解市场人才需求的基础上充分发挥传统学科的教学优势，可以在历史、艺术、传媒、设计、管理等学科中组建跨专业跨学科的创意专业或创意学院，并开设文化创意课程。除此之外，高校在分析文化创意人才市场需求的基础上，加强紧缺型人才的培养，并鼓励学校内学科交叉融合，以市场为导向及时调整专业、课程设置，提高人才培养质量。

针对目前我国人才层次和结构等方面的问题，高校应充分利用自身在科研人才、设备等方面的优势，构建研究生、本科生、专科生多层次的人才培养体系；同时也要建立长期学历培养、短期进修性培训相结合的多渠道办学模式，延伸创意产业人才链。可以项目为载体，通过创意实践情景或直接在职业环境中展开教学，让学生在真实的创意职业情景中，引导、激发和培养学生的创意能力。

目前，创意学在我国高等教育体系中还不是一个独立的学科，为了满足我国文化创意产业发展过程中对人才的需求，应当尽快将其设置为独立学科，并纳入高等教育体系之中。

除此之外，我们应明确创意人才培养目标，应将培养可以熟练掌握专业技能、深刻理解文化创意产业的精英作为创意人才培养的目标，并在此基础上重点培养基础厚、宽口径、高素质的创意人才。另外，高校在文化创意人才培养的过程中，也要紧盯市场，并结合市场的人才需求情况及时调整人才培养目标，以保证文化创意产业创意人才链的完整性，为文化创意产业的发展保驾护航。

（四）企业提升创意人才胜任力

一般情况下，创意企业具有双重身份，不仅是创意产业的主体，同时也是创意人才的主要使用者。创意企业在创意人才使用过程中应注重了解创意人才个性特征以及成长规律，为创意人才的自我价值的实现搭建良好的平台。

1. 树立人本理念，实施创意管理

创意企业要为创意人才营造容错、宽容、愉快的工作环境。例如，美国谷歌公司对创意人才采用的是乐园式、家庭式办公、弹性工作时间的管理方式。在这种管理方式下，创意人才有一个轻松愉悦的工作氛围。这样可以更好地激发员工的创意激情。

2. 推动组织变革，改善领导方式

一方面，企业要构建一个无边界的组织形态来适应创意人才的工作。自我管理团队的组织方式深受惠普、联想等企业的青睐。该组织方式主要是在组织资源平台的支持下，借助信息技术，并通过授权跨部门挑选成员而组成自主管理单元。

另一方面，企业领导者和管理者在工作中应扮演好教练、联络官的角色，并通过透明的工作引导、权力下放等方式来建立起彼此间的信任，从而为员工实现目标而服务。企业要加强组织结构变革，构建创意型组织。创意型组织的创意能力、创意思维和创意意识较强，能持续开展技术创新、组织创新、文化创新、管理创新等一系列创新活动，并将创意思想、知识、技术转化为创意产品和创意服务，创造经济价值。创意型组织有助于激发员工个人的创新潜能，促进组织内部员工的创意思维共振，提升创意绩效。

3. 搭建创意人才职业发展平台

现阶段，一些发达国家往往采用多样化的激励方式来管理创意人才，如高浮动的薪酬结构、股票期权、员工技术入股等。发达国家的这种创意人才激励方式体现了对创意人才的尊重，企业根据创意人才的实际能力与贡献给予他们相应的利益，无论是对创意人才自我价值的实现，还是对企业的发展，都具有重要的作用。与此同时，企业也应都能形成管理岗位、技术岗位平行双轨通道，鼓励创意人才进行锻炼与尝试，同时将选择权交到创意人才手中，由他们自己决定是成为管理者，还是成为专家。

4. 加大创意知识与技能培训力度

创意企业不仅是创意人才的使用主体，同时也是创意人才的培训主体。创意企业在招收新人之后，需要对新人进行一定的岗前培训，向新人传授创意知识，

培养和提升其职业技能和创意胜任力，使之明确职业生涯发展规划，增强对组织目标和组织文化的心理认同，激发其创意精神。文化创意企业要尽可能为员工提供国内外行业交流渠道和学习深造的机会，最大限度帮助员工实现自我价值，同时提升他们的创意能力。

第五章 多元视角下的文化创意产业发展

本章为多元视角下的文化创意产业发展，主要基于如下两个角度对文化创意产业发展进行剖析，其一为文学视角下的文化创意产业发展，其二为非物质文化遗产视角下的文化创意产业发展。

第一节 文学视角下的文化创意产业发展

一、文学与文化创意产业的关系

文化创意产业，属于低碳经济，不同于一般实业，它能够有效促进生态增值，推动经济实现创新驱动发展，为环境保护提供强大助力，有助于培养新的经济增长点。随着我国经济结构优化的不断推进，文化创意产业越发受到重视，其地位逐渐提高。我国的"十二五"规划中就明确推出，要将其发展为我国的经济支柱性产业，把它放到新兴战略性产业的位置进行规划和发展，要发挥文化创意产业的力量进一步促进产业结构优化升级，推动经济发展方式转型升级，以发展增强我国文化的生机和活力，让中国文化面向世界、走向世界。

对我国文化创意产业进行分析可以发现，相较前几年，其实现了显著发展，在北、上、广、深等大城市中，文化创意产业已经形成了一定的规模，发展速度较快，具有广阔的发展前景。然而立足全国经济状况，文化创意产业仍旧处于一个比较低的层次，还无力构建突出中国特色的文化创意产业品牌。

文化和经济之间有着深刻而复杂的联系，这一点就体现在文化创意产业当中。文化创意产业犹如扎根于文化土壤才能够生存和发展的树木，脱离土壤就会枯萎、倒塌，并且其发展也离不开文化这一关键性资源的支持。任何国家要发展文化创意产业，都必须使之立足于本国文化，将传统文化有机融入其中，让文化性和经济性统一于文化产品和服务中，并且努力将传统文化和现代生活进行有机融合，从而激发企业和产业的创造力，形成大量的优质文化创意产品和品牌。只有这样，文化创意产业才能拥有灵魂，才契合民族特色和民族精神，才能拥有立足于国际市场的核心竞争力。

以此层面分析，为了促进文化创意产业的建设发展，应当合理利用传统文化资源。我国是唯一不曾断代的文明古国，拥有悠久而精深的传统文化，这正是我国发展文化创意产业的巨大优势。未来我国将不仅在文化资源上位居世界前列，也会在文化创意产业方面引领国际发展。而在朝着这一方向前进的过程中，我们必须对我国优秀传统文化进行深入挖掘，使之成为文化生产力，切实将其潜在的影响力发挥出来，成为文化创意产业发展的不竭动力。

综合分析国内外文化创意产业的发展经验可以发现，该产业若想拥有旺盛的生命力和出色的竞争力，绝不能忽视传统文化因素，必须要突出本国特色，充分发挥本国文化的核心优势。也就是说，彰显本国文化特色，传承优秀传统文化，是我国发展文化生产力、提升文化竞争力的先决条件和基础，也是发展文化创意产业的迫切需要。中华文明包含多种类型，文学是其中不可忽视的重要部分，对其进行合理定位，发挥中国文学的作用，有助于我国文化创意产业的高质量发展。

文化创意产业倡导"内容为王"。所谓"内容为王"，意指创意、信息、节目、故事、活动安排以及各种文化艺术的表现内容构成了文化创意产业的核心，对文化产品和服务的附加值起着决定性作用。故事是文化创意产业的重要原材料，动人的故事可以催生巨大的产业增值的价值链。故事可以改编成影视、游戏作品，可以出版图书，可以艺术授权，还可以开发主题公园和玩具等。

近几年享誉全球的《哈利·波特》就是一个成功的文学故事，它成了近些年西方文化创意产业增值的重要价值源泉。而类似《哈利·波特》这样的精彩故事，在中国文学经典中并不少见。而且，中国的经典故事历经岁月的洗礼，有着强大的生命力，很多都具有国际影响力。

然而，反观中国文化创意产业的现实，显然没有多少文化产品让人追逐和迷恋。多年的文化创意产业实践表明，中国不乏故事，也不乏经典的好故事，但是缺乏将经典故事转化为文化创意产业资源的能力。

文学艺术是文化创意产业的原创地，对具有原创意义或经典的文学作品进行产业化开发，有望生发一条可观的文化创意产业道路。很多时候，我们对开发文学资源的认识不足，仅仅把文学作品看作是精神产品，而忽视文学作品转化为文化创意产业资源的潜在商业价值，缺乏对文学作品进行产业开发的意识。

事实也证明了，文学作为文化的重要类型，参与到文化创意产业之中，特别是经典中国古代文学的融入，不论是对文化创意产业的发展还是对文学自身，都具有重要的意义。文学与文化创意产业的对接，完全能形成一种双赢的格局。

下面，本书立足文学作品，特别是文学经典作品与文化创意产业之间的关系进行深入阐述。

（一）文学为文化创意产业的发展提供丰富的资源和养料

毫无疑问，文化创意产业属于一种精神生产，其最突出的特点就是其融合了多种因素，如文化、经济、科技等，最终所生产的产品和服务是具有双重性的，即物质价值和精神内涵。文学是艺术的一种，能够形成丰富的资源和养料，促进文化创意产业的发展。这就要求对其资源进行深入挖掘，尤其是要将文学经典中的经典形象与现代生活进行充分融合。

立足于文化创意产业的长期发展，从文化产业化的角度出发对文学经典形象进行"二创"，将会发展成产业链、产业群，并且能够获得不可估量的发展潜力，以及具备可持续再造的特性。

商品营销是企业经营与产业发展中的一个重要内容。以此层面分析，如今的经济社会十分强调品牌。品牌影响着消费者的选择，文化市场同样如此。所以，文化创意产业要打造品牌，也要利用品牌。文学经典作品都是经过时间检验的，拥有众多的读者，在整个社会中具有高流传度，拥有良好的口碑和群众基础，可谓是一种品牌。因此，基于文学经典进行产品开发，将能够发挥非文学经典所远不能及的优势。也就是说，文学经典具有强大的商业开发价值。彼得科斯洛夫斯基曾经说过，在一个技术文化高度发达的社会，专业知识的革命和知识老化的加速，突然使陈古的东西重新获得意义，因为这些东西是古旧的，它们处于变革过程的彼岸。人们又去读古典，因为非古典的东西总是转瞬即逝。正如在商品市场一样，在哲学、文学及艺术中，新的东西越多、越繁杂，品牌、名牌就越重要。

那么，文学经典有着怎样的品牌效应呢？关于其商业开发价值的解读应当从以下两点出发。

第一，文学经典具有明星效应，公众往往会对文学经典更有兴趣，会投入更多注意力。从当前的经济形态来看，这属于注意力经济。

衡量产品成功与否，不能不关注消费者对其的注意力，因此，在产品开发过程中，应当对这一点进行重点考虑。文学经典正如自带流量的偶像明星。其之所以能够成为经典，就是因为被各个历史阶段的群众所喜爱和推崇，能够在社会中广泛流传和讨论，具有较高的知名度，公众会不自觉地对其相关信息更加关注，文学经典可以说是自带光环，始终吸引着公众的目光。

文学经典与普通文学不同，是备受推崇的，众多文化活动围绕其展开，在人类话语秩序和表征系统中占据特殊的位置，甚至某种层面上在话语权方面有着一定的控制作用，规范着意义表达。在不同的社会历史阶段中，具有较大的话语权的人或群体往往有着优秀的文学素质。

通常来说，文学素养和能力能够反映出很多内在的东西，甚至有时能够作为身份的外化特征。一个人经常阅读赏析文学经典，自然会增加自身的文学素养，具有较好的文学能力。正是因为文学对个人发展和社会活动有着特殊的重要影响，一定程度上关系着话语权，所以文学经典才会拥有明星效应，自然会受到公众的广泛关注。

第二，在明星效应的带动下，文学经典一定概率上会导致"多米诺效应"。文学经典对于文化创意产业而言是关键性的资源，这正是基于其自身所带有的突出的商业开发价值和扩张性，从而也使其很容易形成产业链、产业群。文化正处于产业化的趋势中，是文化创意产业走向经济市场的重要内容，在文化生产中更加受到重视。这也促使文化产品市场发生了相应的变化，具有更加广泛的延伸性和关联性。

文化产品之间有着内在的关联，一个文化产品的成功通常会促使相关产业链获得发展，促使相关产品更加受到市场关注，进而增加经济效益，获得大量收益。基于文学经典的广泛传播和高知名度，文学经典通过文化创意产业面向市场成为特殊的文化资本，将会极易造成产业中发生连锁反应。

大量事实证明，文学经典是可以转化、演变的，对其故事内容和经典艺术形象借助多种二创、再创手法，能够使其变为异质文本以及其他艺术形态。例如歌曲、舞剧、音乐剧等，信息时代下新、旧媒体等传播方式，能够改善过去单一传播方式的缺陷，使传播对象大众化，从而使得文学经典的消费变得更加便利，提升其影响力。加强文学经典再生产，能够将文学经典在更短的时间内延伸至多种文化消费形式，如视听产品、网络产品等，同时也能够拉动其他产业、产品如玩具、服装、礼品、饮食等，造成多米诺效应。

（二）文学对提高文化创意产业的发展层次具有重要作用

文学经典作为文学中较为优质的一部分，具有更加突出的审美特性。文化创意产业若要实现发展，就要不断提升产品的审美特性，因此基于文学经典进行挖掘和产品开发，能够有效提升其审美水准，使得文化产品和服务更有魅力和吸引力。同时，文化创意产业不能忽视创意，要在赋予产品文化底蕴的同时，也要赋予其个性，所以将文学经典融入文化创意产业，将会使其具有更加鲜明的民族个性，使其文化内涵更加丰富和充实。

在经济全球化趋势不断强化的今天，文化创意产业也受到这一趋势的影响。例如电影这一产品形态。好莱坞电影无疑是世界电影领域的龙头，其在全球范围内的扩张为我国电影的发展带来了很大的压力，也使得我国电影的劣势更加突出。这些劣势体现在资金不足、人才不足、电影技术不够先进，尤其是产业机制不够完善和成熟等方面。我国电影在全球化过程中，必然要与好莱坞电影竞争，而其最大的优势就在于我国博大精深的文学经典资源，但是国外电影产业已经先对此进行了开发，如迪士尼的《花木兰》。

中华文明、中华文学艺术有着与欧美等国相异的自身特色，既在本国历史悠久、影响广泛，更在东亚、东南亚文化圈中有着深远的影响。在西方国家眼中，与自身完全不同的中国文学艺术，是富有独特魅力的。这就意味着挖掘文学资源，在产品开发中充分融入文学，能够使文化产品更具国际影响力，在经济全球化过程中占据优势。

我国在五千年的漫长时光中孕育了如珍珠明月般璀璨光辉的中华文化，楚辞、汉赋、唐诗、宋词、元曲、明清小说，各朝各代都有着优势的文学形式，四书五经、戏曲、说书、通俗小说，社会各层级都有着丰富的文学类型。这些都是我国文学的重要篇章，也都能够为文化创意产业提供丰富的资源。越是民族的，越是世界的。我国文化创意产业要面向世界，与他国文化产业竞争，就应当于我国的文学中挖掘资源、吸取力量。我们应当突出本国特色，不再盲目跟风，着力对我国文学资源进行整合，促使文学经典和文化创意产业进行有机融合，增加文化创造力。

很多文化产品的成功都证明了，于全球化趋势之下对文学经典艺术形象进行再创，能够获得世界消费者的喜爱。迪士尼《花木兰》在全球范围内广受好评就是一个鲜明案例，其将中西方文化、传统和现代文化、文学经典艺术形象和先进科技进行深度融合，从而获得了世界级的成功。但是反观自身，我国才是花木兰故事的发源地，有着原始版权，但是我国对文学经典艺术形象进行有效的开发和再生产却始终不够充分。

毫无疑问，我国的文学资源是十分丰富的，这决定了我国的文化创意产业拥有巨大的发展潜能：一则，我国文化创意产业要扎根于我国文学，突出民族性，才能够更加容易在世界上获得成功；二则，要强调现代意识，以此对我国文学尤其是文学传统艺术进行观照和超越，在全球化背景下，充分地和"他文化"交流、融合，在突出民族性的同时，重视世界性和现代性，促使现代观众对其接受程度提升，更加顺利地获得世界认可。

我们应充分认识到，在全球化背景下，在国际竞争舞台上，我国文化创意产业发展的关键就在于，深入挖掘和开发本国的文化资源，促使其核心竞争力得到提升。我国文学艺术丰富而璀璨，有着大量别具特色的神话故事、典故、民间传说，优秀的经典名著、艺术作品，这都是中华文明的瑰宝，带有浓郁的东方魅力。若是忽视对其的利用或者没有对其进行合理充分的利用，实在是空有宝山。

全球化既是经济的全球化，也是文化的全球化。我国文化创意产业在发展时，突出优势就是本国丰富的文学资源，有效、充分、深入地将之与文化创意产业进行融合，能够有效提升我国文化创意产业的层次和国际竞争力。

（三）文化创意产业对丰富既有的文化体系起到一定助推作用

长远思考，文学产业化的过程中，新创、再创的文学作品的影响不仅在当下，也在文学未来的发展。新的文化积淀，也会具有历史性的文化功能，一定程度上促使既有的文化体系更加丰富。历史证明，将文学与文化创意产业进行有效融合，能够促使相关工作者在受到文学经典的启发后，创作出新形态的文学作品。

我国的文化创意产业自初期就在文坛掀起了风暴。基于法兰克福学派理论，文坛对文化创意产业不仅不看好，反而持批判态度，并形成了文学精神保卫的浪潮。在法兰克福学派理论的指导下，文坛认为文化创意产业会对传统文学造成破坏，对此持抨击态度，并主张维护传统文学精神。

在这些批判者看来，从生产手段的角度分析，文学是对人类内心世界的探索，是对人类心智的形象化；相比之下，文化创意产业失去了文化精神，犹如工厂流水线生产，主要是利用技术开展生产，其生产和产品都是模式化的。这种看法有一定的道理，敏锐地指出了机械生产和商业操作在一定程度上破坏了文学的灵动性，但是这一看法是经不起深入思索和推敲的。

尤其是我们基于多元化的视域对文学和文化创意产业的关系进行分析。本书认为，文化创意产业对于文学的影响是难以否认和不容忽视的，其对于文学的存在形态有着突出的影响，然而文化创意产业的影响并非完全负面的，与文学精神之间的关系也不是绝对的对立和冲突，我们应当正确认识文化创意产业对文学的影响。其实，在社会历史的不同时期，社会经济和产业变更都会对文学产生影响，文学并非孤立的，而是作为社会生活的一部分，与其他部分之间相互影响和交融。

以此意义出发，文化创意产业是现代产业发展的体现，同历史上其他产业变更的影响是一致的，但也有着一定的差异，这主要体现在影响力及后果的毁灭性与否。维护文学精神的根本在于对文学自身的认同，在于对文学追求的信念和坚守。这才是文学精神能否持续的内因，不应当仅仅依赖文化创意产业。如今，文化创意产业已经势不可当，文学属于创意活动，属于文化形态，自然会与文化创意产业有着多方面的关联，因此文化创意产业在生存和发展中不可避免地会与文学相互磨合，我们应理性和全面地看待两者的磨合。

以辩证的眼光看，文学和文化创意产业之间的冲突和统一，的确会冲击原本的文学形态，然而也正是在冲击的过程中，会形成新的文学形式。这些新的文学形式会使既有的文学形式更加多样，使既有的文化体系更加丰富。

新的文学形态中十分典型的一个例子就是绘本。这也是文化创意产业创作的经典个案。这是一种以大众传媒为载体，以现代都市为主要对象的文化形态，在年轻人群体中十分受欢迎。绘本突破了传统文字叙事的框架，采取现代化的构图方式，强调图和文之间的内在联系，使两者有机融合，成为一体。绘本的创作利用现代技术手段，使讲故事这一职责被图和文一起承担，以形象的、带有韵味的、生动的图像符号吸引读者注意，传达作品思想，通过更加形象可感的方式让作者和读者进行思想交流。绘本这种新的文学形态打破了以纯粹的语言形式来界定文学的传统观念，使文学中的图文关系得到重新界定，也作为新的范式推进了当代审美文化的研究。文化创意产业仍处于蓬勃发展阶段，会产生更多以绘本为例的融合现代传媒的作品类型，作为新的文学样式，会促进文学和文化体系的发展和丰富。

（四）文化创意产业对保存与弘扬文学作品具有极大助力

文化创意产业能够通过商业化运作提升文学经典的传播力，促进其保存和弘扬，甚至能够使部分面临灭绝危机的文学作品和形态获得激活和再发展。在当前这个信息时代，文学已经被改变，正逐渐形成数字媒介主导的信息化文学社会。电视、网络等媒介更受公众欢迎，占据了人们休闲生活的大部分时间，传统阅读方式正逐渐式微。

信息化时代背景之下，文化格局在变动，并且影响到文学的生存。文学经典也要因时而变，革新形态，带来更加新奇的消费体验，使传播范围得到扩大，进而适应现代社会，继续充满生机地传承下去。因此，基于文学发展的视角，应当积极推进文学与文化创意产业的融合，这样才能够帮助文学经典寻求新的生存状态，推进文学经典的保存和弘扬。

网络信息技术的发展使得信息传播领域发生了颠覆性的改变，当前文学经典不仅有传统的印刷传播，更基于手机、网络等形成了数字传播新形态。如今，人们形成了新的阅读习惯，数字传播在文学经典传播中的作用将更加重要。

与此同时，影像传播也备受欢迎，也是重要的文学经典传播方式。这是基于视觉文化发展的文学经典改编，通常体现为文学经典的影视传播，如电视剧版的《水浒传》《红楼梦》《三国演义》《西游记》等，还有文学经典改编的动画、图文书、漫画书等。

从20世纪至今，电影始终是影视传播的主导，文学等多种艺术形式的价值都体现在其与电影的关系上，在衡量文学经典的价值和影响力时，很多时候要看其是否被改编为电影。

我国历史悠久，拥有大量优秀的文学艺术作品。文化创意产业对保存和弘扬文学经典和传奇人物故事有着重要作用。《三国志》《三国演义》构建了精彩的三国文化，这一直是我国文学创作的经典元素，不仅有大量与之相关的诗词、戏曲和小说，在现代更有着大量的相关的影视作品。尤其20世纪80年代，盛行对三国经典的影视剧改编，如电视连续剧《三国演义》、电影《见龙卸甲》等，这些影视剧开启了三国影视改编的潮流，之后对三国的关注被扩展到了整个文化创意产业领域。

除了上述影视剧作品，基于对三国文化资源的挖掘和开发还创造了其他形式的产品，如网络作品《大话三国》、图书《水煮三国》、动漫《Q版三国》等。此外，三国文化及相关文化创意作品也走上了国际，《三国演义》电视剧也被多国引进，他国也创作了很多三国的改编影视作品，如日本横山光辉创作的动画作品《三国志》。周边国家也基于三国文化进行了大量的网络文化开发。这正体现了文化创意产业在三国文化的弘扬中发挥难以估量的重要作用。

我国古典文学不乏影响范围广、影响力大的作品，除了大家耳熟能详的四大名著之外，还有《搜神记》《西厢记》《山海经》等。对于此类历久弥新、在人们心目中有着特殊地位的文学经典，应当采取产业化手段，增强其在国际上的传播力，构建生命力旺盛的文化输出格局，借此增强我国文化软实力。

不管是传统的阅读方式，抑或是现代化的多媒体传播方式，文学经典都吸引着公众的目光，受到公众的喜爱和推崇，这都是因为其自身所具备的丰厚的文化底蕴以及历史内涵。正如汉朝人王符在《潜夫论》中所说："索道于当世者，莫良于典。典者，经也……是故圣人以其心来造经典，后人以经典往合圣心也，故修经之贤，德近于圣矣。"①

的确，视觉文化语境下的文学不仅没有全面失守，相反，文学在这个时代完成了它的使命，并且渗透到各个学科，发挥着潜在的支配作用。文化创意产业推进了文学经典和新媒体广泛而深入的结合，也为文学经典注入了新的活力，使之焕发出新的生机。

文学是重要的文化艺术形式，我国的文学经典更是中华民族宝贵的文化财富，有助于中华文化的建设和发展，并为此提供宝贵资源。尽管文化创意产业对文学造成了一定的冲击，但是两者之间并非完全对立，而是有着融合的基础，文化创意产业能促进文学形态不断变化和更加丰富，对其创作、传承和发展有着必然影

---

① 马亚中、钱锡生、严明：《诸子曰》，福建教育出版社2014年版，第111页。

响,文化创意产业的影响和历史中的产业变更的影响以及变革是共通的,这一点是不容否认的,需要我们予以正视。

文化创意产业和文学经典的冲突一部分体现在前者的功利性以及后者的无功利性,这使得两者有着一定程度上的相互排斥,这使二者在彼此结合的过程中存在磨合期,这期间会有阵痛甚至损害,也就是说会出现过于强调文学经典的审美特性而损害文化创意产业的盈利,或者过于强调文化创意产业的盈利而损害文学经典的审美特性这两种极端的问题。然而,也不能忽视两者融合为双方发展带来的推动力,因此要以长远的目光看待两者的融合,为其提供自我完善的时间,保持建设性的态度,推动良性循环发展机制的构建。

一则,唯有科学看待和把握文学经典的精髓,采取创新性的、多样化的传播模式和方式,才能使文学经典走向更好的未来;二则,文学经典是丰富资源,基于此进行突出民族特色的文化品牌的创建,能够提升文化创意产业发展的集聚力、辐射力和国际竞争力。

二、文学嫁接文化创意产业的模式与策略——以古典文学为例

为使分析论述更具针对性,这里我们主要以古典文学为例,探索文学嫁接文化创意产业的模式与策略。

文化创意产业不仅是经济社会发展和产业结构升级的重要内容,也是我国文化发展战略的重要内容。发展文化创意产业必须要重视内容建设,内容建设质量对文化创意产业的发展水平有着重要的决定性作用。我国的古典文学中的优秀作品花团锦簇,其中丰富而精彩的故事、诗词等都是重要资源,能够转化为文化创意产业的精彩内容。诸多实践也证明了,我国的古典文化已经吸引了世界文化创意产业的目光,并被其挖掘和使用,正势不可当地被卷入世界文化产业化发展之中。

基于上述文化语境,我国的古典文学研究学者和文化创意产业研究学者都在思考怎样使我国古典文学和文化创意产业更完美地对接。

本研究认为,我国古典文学和文化创意产业之间有着融合的基础和条件,已经处于产业化发展的历程当中。我们应当充分借助文化创意产业技术,加强对我国古典文化的深入研究和有力弘扬,并且在推进文化产业化的同时,提升我国古

典文学的吸引力，使公众形成自然的关注和阅读的习惯，在保有中国古典文学原有风格及审美价值的基础上，不断地丰富、拓展其生存空间与发展形态。

具体来看，古典文学嫁接文化创意产业不妨从以下几个方面进行。

（一）歌曲创作

历史上，我国的古代诗词都是有着一定的曲调，是用来歌唱的，和音乐之间相互交融、密切联系。尽管如今古诗词的曲调、歌唱方式等已经失传了，但其自身仍旧具有较强的节奏感、韵律感，可以转化为现代歌曲，并且能够使歌词更具韵味，让歌曲更具中国风韵。这种创作在当前社会已经较为流行，产生了大量备受听众喜爱的歌曲。

86版电视剧《红楼梦》中就有不少古诗词转化的歌曲，如歌曲《葬花吟》，其歌词就是取自原著第二十七回中黛玉所作的古体诗《葬花吟》；歌曲《枉凝眉》，其歌词就是取自原著《红楼梦十二支曲》中的一支曲子。

同为四大名著改编的电视剧《三国演义》，其给观众留下最深刻影响的歌曲《滚滚长江东逝水》，其歌词就是取自古典文学作品《临江仙》。这样直接将古诗词作为歌词，通常能够使歌曲具有更加浓厚的人文色彩，具有古朴厚重等特点。

随着国风、国潮的兴盛，很多流行歌曲的创作都会应用到古诗词，或将之引入歌词，或者化用其中的经典词句、艺术形象。如央视推出的节目《经典咏流传》就是一个中国诗词文化音乐节目，其中的歌曲都是对中国诗词文化的转化，凤凰传奇的《将进酒》取词于李白的《将进酒》，黄绮珊的《定风波》取词于苏轼的《定风波》，曹轩宾的《别君叹》取词于王维的《送元二使安西》，节目之外还有霍尊的《卷珠帘》等诸多歌曲，其歌词都是化用了古典诗词。

这些歌曲都证明了，在歌曲创作中融入古典文学作品，有助于增强作品的古典韵味，增强歌词的内涵和审美性。这些歌曲也弘扬了中国古典文学，让流行文化与古典诗词传承相得益彰。

（二）影视剧改编

古典文学一直为影视剧提供了丰富的创作、改编资源，除了中国人尽皆知的四大名著改编的电视剧之外，改编自蒲松龄的《聊斋志异》《聊斋奇女子》《聊斋三》等电视剧以及取材自多部文学作品的《芈月传》都十分受观众喜爱。基于古典文学的影视剧改编，不仅创作了优秀影视作品，为观众带来了视听享受，更促进了观众了解和关注我国的古典文学作品以及历史文化。

尤其需要关注的一个现象是，很多他国的影视企业、集团已经关注到了中国丰富的文学资源，并早已进行了影视剧改编。其中影响力最大的是美国迪士尼于20世纪末推出的《花木兰》。这部作品红极一时，在世界范围内获得极高的票房，是迪士尼利润最高的动画作品之一。《花木兰》的故事脱胎于我国的古诗词《木兰辞》以及相关的民间故事。此外，广受欢迎的《功夫熊猫》也是对东方文化的挖掘，功夫、熊猫乃至故事，都十分符合东方情趣。此外，西方影视作品中东方元素也越来越多，如《神奇动物在哪里2》当中的"驺吾"就取材自我国的古典文学《山海经》。我们应当关注这种现象，并对此进行深入思考，外国资本已经对我国古典文学进行了挖掘、转化，创造的文化产品也在国际舞台大放光彩。

如今，世界文化创意产业对中国古典文学资源的挖掘和争夺正在加剧。我国是古典文学的天然拥有者，不能忽视、轻视这一天然优势，乃至宝山空回。我们必须要加强对中国古典文学的保护和开发意识，采取影视剧改编的方式，创作出别具东方魅力的作品。

事实证明，从中国古典文学中选取优秀作品，开展产业化开发，通常能够形成很长的产业链。

《三国演义》是产业化开发十分成功的中国古典文学，从20世纪80年代至今，《三国演义》的开发已经从影视剧改编延伸到了多种方式，成为整个文化创意产业所重视的资源。其中影视剧改编包括电视连续剧《诸葛亮》《三国演义》《大军师司马懿之军师联盟》、电影《曹操与华佗》《见龙卸甲》、图书《三国史话》《水煮三国》、动画片《Q版三国》《大话三国》《三国演义》等。此外，还有其他文化产品和文化服务，如《三国演义》系列邮票、"三国无双"系列游戏、三国人物的玩偶和公仔等，已经成为一个成熟的产业链。

本研究认为，古典文学在现代必然会经历产业化，应当从多方面、多角度和广范畴地开展古典文学的研究，探索其产业化开发的方式和途径，让古典文学的内涵和价值在现代得到更加全面和充分的展现。

（三）戏曲改编

戏曲作为我国古代传承、演变至今的传统艺术，一直与时俱进，在当今的信息时代，借助多媒体手段，仍旧充满生命力。戏曲要在现代社会得到传播和发扬，必然要革新形式，采取新技术，然而在内容上却不能忽视对古典文学题材的汲取，发挥经典的作用，收获良好成果。

以京剧《天下归心》为例。其导演张艺谋对《左传》进行取材，利用多媒体技术重新诠释了"郑伯克段于鄢"的故事，新形式和古典文学相互交融，相比传统技术，更具审美性和视觉冲击力。

在这部京剧的表演过程中，实现了多媒体技术和传统艺术的有机结合，如郑庄公克段之战的演绎就在其舞台美术布置中采取了多媒体皮影的方式。在这一段表演当中，音乐渲染气氛，演员身形与皮影重叠，最后破纸而出，其中应用的新媒体技术，有效地拓展了花脸、老旦等传统行当的舞台表演空间。

"郑伯克段于鄢"只是《左传》中的部分内容，其中还有诸多类似的故事，而除《左传》之外，我国还有很多经典的古典文学作品。现代戏曲若要借鉴《天下归心》，将新技术与古典文学故事有机结合，将能够使戏曲表现的内容更加多样和丰满，使其艺术高度和观赏性得到极大的提高。从戏曲改编的角度对古典文学进行开发，在其中挖掘戏曲角色、剧本、声音等元素，并以新技术创新戏曲的载体和表现形式等内容，必将为戏曲产业化扩展新道路。

在基于古典文学进行戏曲改编时，不能只是对传统进行照搬照抄，而是要充分挖掘古典文学的内涵和精神，将之作为戏曲作品的灵魂，结合先进的舞台技术、新媒体技术等新的技术进行戏曲创作，让传统的戏曲作品有所创新，兼具时代特色和中国特色。

（四）文化旅游

现代人之所以去旅游，其实是希望脱离繁忙的工作和生活，去放松身心，获得快乐。而文化旅游能够带来更加深层的快乐，使人的精神和内心得到审美享受。石林是云南十分著名的景区，拥有壮丽秀美的地质景观，被称为"地球天然迷宫""天下第一奇观""喀斯特地貌博物馆"等，往来游客络绎不绝。但是在游客眼中这些美誉并非吸引他们前来的最大因素，他们也不会说自己去"地球天然迷宫"旅游了，或者说自己去看了"喀斯特地貌博物馆"，"石林"这个名字更少被提及。游客往往会说，我去了"阿诗玛的故乡"。其实，云南石林之所以有大量游客，很大程度上要归功于阿诗玛的古老故事，而这个故事则来自彝族的古典叙事长诗《阿诗玛》。

挖掘旅游景区中的古典文学故事，能够让景区在秀美的风景之外别具人文色彩和文化底蕴，除了为游客提供视觉享受，更展现深厚的文化内涵。中国古典文学中很多作品都可以与旅游业结合，发展文化旅游，例如《水浒传》可与梁山风景区结合，《徐霞客游记》中记载了大量风景区，《长恨歌》可与西安华清宫景区结合，这些都能够开发文化旅游产品和服务。

（五）游戏设计

网络游戏（Online Game），简称"网游"，指的是借助互联网这一传输媒介，将游戏运营商服务器和用户计算机作为处理终端，通过游戏客户端软件这一信息交互窗口构建的为了进行娱乐、休闲、交流和取得虚拟成就的具有可持续性的个体性多人在线游戏。网络游戏也是一种文化产品，其行业要实现高质量可持续发展，最关键的就是创造健康的游戏内容，构建正确的价值取向，进行规范的经营活动。

娱乐化是网络游戏的根本特性，但是与此同时，添加历史人文色彩，能够让游戏更受欢迎，丰富其内涵，提升其品位和口碑。除此之外，让游戏的情节和内容增加文化内涵，有助于建设突出民族特色的游戏产业，从而推动其更顺利地走上国际市场。挖掘古典文学中的经典作品和人物构建网络游戏，增强其东方特色，将为其发展开辟新的道路。

诸多中国古典文学中的故事在东亚、东南亚，乃至世界范围都有着极高的影响力，如《三国演义》《西游记》等。此类故事极具传奇性和奇幻性，情节曲折离奇，冲突层见叠出。这和游戏内容的要求十分符合，很适合游戏设计。很多基于古典文学设计的网络游戏大受欢迎的事实也证明了，古典文学与网络游戏的融合将会带来成功，如曾经被很多人追捧的《三国志》便取材于《三国演义》，很多人喜爱的《通天西游》便改编自经典小说《西游记》。基于《三国演义》和《西游记》开发的大型游戏和小型游戏可以说是数不胜数。如今计算机技术不断更新，游戏产业发展前景广阔，将古典文学作品和游戏设计结合，有助于开发出更经典、更有趣的游戏。

（六）微信传播

当前社会仍旧处于信息革命状态，传播媒介在不断更新，人类社会中不仅科技在日新月异，思想文化也在持续发展变化。可以说，信息技术的不断革新，促使数字化、全球化以及实时性、交互性等传播特质开始与文艺作品亲密接触。

21世纪开始，新旧媒体融合，这也成了媒体发展的显著趋势，新媒体技术和信息技术等使得古典文学的传播发生了颠覆性的改变，微信就是典型代表。微信自出现开始，就成了人们生活和工作中重要的应用软件，用户数量在不断增加，其不仅有基础的沟通功能，更加具备强大的信息传播功能。

据腾讯公布，2022年第三季度微信用户月活13.09亿，可见微信已经成为重要的信息传播媒介，在传播领域发挥着不可小觑的作用。但是，应当认识到，从本质上看，微信所带来的改变主要体现在传播的媒介和形式，而没有改变"内容为王"的传播规律。其传播的内容是丰富多样的，涉及人类社会的各个方面和领域。古典文学是丰富而宝贵的文学资源、信息资源，如果采取微信这一传播媒介，遵循微信传播的特点和规模，将能够有效增强古典文学的影响力，扩大其传播范围和影响范围，增加公众对古典文学的了解和关注。

基于媒体融合发展背景，利用多种媒介技术进行古典文学的传播是十分必要的，这有助于使其辐射和推广最大化。因此，为了推进中国古典文学艺术生命的延长和扩展，应当充分发挥新媒体技术的作用，尤其是微信，应当发挥微信传播优势，吸引更多人关注中国古典文学作品。

对于中国古典文学而言，要采取新媒体传播方式，要按照一定的路径：先对中国古典文学和相关故事进行搜集和整理，再对其中的元素利用大数据来拆分、重组，最后以创意驱动创作新媒体文化作品，并对其进行传播，使之具有较高的影响力。

从中国古典文学来看，必须要选择恰当的传播方式和路径，才能够更加有效地传播，实现良好的传承，达到顺应时代和与时俱进的目的。而文化创意产业的出现和发展为此提供了更多、更好的选择。依托文化创意产业的力量，中国古典文学将能够获得更大的现实性，也能够推进文化创意产业的发展，提供丰富而优质的资源，丰富和提升文化创意产业的内容和民族特性。对中国古典文学进行深入挖掘，开发其中的生动主题和元素，以产业化的力量创造优质的文化产品和服务，让两者更好地嫁接，实现双赢。

第二节 非物质文化遗产视角下的文化创意产业发展

中国作为历史悠久的多民族国家，创造了丰富的非物质文化遗产。这些文化遗产在历史、艺术宗教、人类学、社会学、语言学、文学或手工艺方面具有突出价值，也是世界文化的精粹。它们为我国文化创意产业的发展提供了重要资源。

一、非物质文化遗产认知

了解非物质文化遗产是立足非物质文化遗产视角探索文化创意产业发展的基础和前提。

（一）非物质文化遗产的概念

非物质文化遗产，简称"非遗"。关于非物质文化遗产的界定，联合国教科文组织在2003年宣告的《保护非物质文化遗产公约·总则》有明确的规定，认为其包括五个方面，包括作为非物质文化遗产媒介的语言，表演艺术，社会风俗、礼仪、节庆，有关自然界和宇宙的知识和实践，传统的手工艺技能。

我国对于非物质文化遗产的概念也有规范。我国在2005年发布的《关于加强我国非物质文化遗产保护工作的意见》中将之定义为：各族人民世代相承的、与群众生活密切相关的各种传统文化表现形式（如民俗活动、表演艺术、传统知识和技能，以及与之相关的器具、实物、手工制品等）和文化空间。非物质文化遗产又可分为两类：传统的文化表现形式，如民俗活动、表演艺术、传统知识与技能等；文化空间，即定期举行传统文化空间活动或集中展现文化表现形式的场所，兼具空间性与时间性。[1]

（二）非物质文化遗产的特征

不同于物质文化遗产，非物质文化遗产有着相异的特征。从其产生时间、空间、人文、社会以及存续方式的逻辑分析，并参考一些专家学者的观点，将非物质文化遗产的特点概括为传承恒定性、活态流变性、民族性、地域性和多元性。

---

[1] 叶舒宪：《非物质文化遗产与非物质经济》，《民间文化论坛》2005年第5期。

1. 传承恒定性

所谓传承恒定性，指非物质文化遗产在传承方面是由人类以集体、群体或个体的方式一代接一代地进行的。而这一特性的决定因素在于遗产的本质，即人类的遗留被后代认为具有价值而享用或传承，这就是人类遗产的传承性。因此，非物质文化遗产作为人类遗产之一，也具备这一特性。

以智化寺京音乐为例，其也被称作京音乐，其来源是明朝时期的宫廷礼仪音乐，是我国现存的宝贵古乐之一，也是其中唯一按代传袭的乐种，至今保存完好。据传，明太监王振将宫廷音乐的工尺谱私自移至寺中，配上700年前的唐代古谱，由家庙的艺僧习而演之，逐渐发展成集宫廷音乐、佛教音乐、民间音乐于一体的京音乐。京音乐长时间封闭演练，被囿于寺院这一方天地之中，基本与世隔绝，它通过口传心授的古老方式，延绵传承了近560年，是我国现存最古老的五种古乐之一。

京音乐能够保存至今与其始终坚持的师承关系有关。这种师承相当严格，关于演奏姿势和技巧以及乐谱等要求都十分严格，因此较好地保留了原来的风貌。京音乐有明确纪年的工尺谱本，有特色的乐器、曲牌和词牌，有按代传承的演奏艺僧，如今传承下来的古谱超过了10部，其中的曲牌数量600有余。智化寺京音乐不仅传承保留了明代古乐，还有宋代古乐，以及隋唐燕乐遗音，是国内、国际都十分罕见的完整、真实的古代音乐资料。

2. 活态流变性

非物质文化遗产主要是通过拥有者的悉心教授以及传承者的精心学习实现传播的，或者是群众自发彼此交流和学习等使之传播到其他的民族、国家。活态流变是其传播的重要特性，这也让非物质文化遗产的共享具有了可实现性，从而使其与物质文化遗产区别开来。

通常而言，物质文化遗产和非物质文化遗产的传播方式有着极大不同，前者基本是复制手段，后者具有活态流变特性，在继承的同时也有变异，在一致的同时也有差异，是辩证结合的。其传播时，往往会与传播地的历史、文化等交融，也因此形成继承和发展兼具的情况。不能忽视的一点在于，非物质文化遗产的传播尽管存在变化、发展，但依旧有着恒定性或基本的一致性，并非完全不同，否则就丧失了原本特质。

例如，作为联合国教科文组织公布的世界性非物质遗产代表项目，韩国的宫廷宗庙祭祀礼乐和越南的宫廷音乐雅乐都是从中国的宫廷流传出去并发展起来的。它们与中国的宫廷文化既相似又不同，但毫无疑问，它们都融入了当地的文化元素并得以变化发展，并因此获得了鲜明的民族、历史和文化特色。

3. 民族性

非物质文化遗产具有鲜明的民族性，即其是某民族独有的，带有这一民族的深刻烙印，其中体现的是这个民族独特的思维方式、智慧、世界观、价值观、审美意识、情感表达等因素。其民族性已经渗入形式与内容之中。以民族的形式特性为主，包括该民族的人种、服饰、饮食、生产方式、语言、风俗等，这些因素在很大程度上是受到了自然环境的影响，向更深层的民族性出发，包括世界观信仰、思维方式、宗教观、价值观、民族的文化—心理结构、审美趣味、生活方式、民族认同等，这是民族在长期的实践中逐渐形成的，已经蕴含在人们生活方式的各个方面和细节之中，稳定性显著，很难发生改变。而非物质文化遗产所具备的民族性就包括这两个层面，其形态生动地体现了民族特性的形式和内容。

2003年，我国的古琴艺术入选联合国教科文组织认定的世界人类口头和非物质遗产代表作，而民族性是其重要的价值之一。古琴是中华民族最早的弹弦乐器，是中华传统文化之瑰宝，位列"琴棋书画"之首，有鲜明的民族特色。

古琴的演奏形式主要有琴歌和独奏两种。根据文献记载，先秦时期，古琴除用于宗庙祭祀、朝会、典礼等雅乐外，主要在士以上的阶层中流行，秦以后盛行于民间。春秋战国时期，古琴的独奏音乐已具有一定的艺术表现能力，如伯牙弹琴子期善听的传说。留名青史的有当时的《高山》《流水》等琴曲。

中国音乐艺术十分丰富，古琴艺术对儒道思想有所体现，是集大成的艺术形式。弹奏之人在古琴朴实低缓而又沉静旷远的声音之中，由躁入静进而物我两忘。

古琴艺术在中华文明中可谓别具一格，受到了广泛推崇。这不仅是因为"琴德最优"，更是因为古琴的特征顺乎自然，耐人寻味。这种对意境和内涵的含蓄表达，与中国传统的审美意趣十分契合，体现了中华民族文化精神的内核，以及中国古人修身悟道的德行，也因此古琴成了完善人格、深化精神的重要方式、手段。从古琴艺术入选世界人类口头和非物质遗产代表作看，古琴艺术的表现方式和表现内容都具有很强的民族性，具有鲜明的中国传统文化特色，这是其存在的重要意义。

4. 地域性

地域性是指非物质文化遗产在一定区域内产生、流传、发展，或者同一种非物质文化遗产在不同区域发生了具有区域差异的演变。一般来说，非物质文化遗产和本土民风民俗有着密切联系，是一种区域性的习惯或生活相关的活动。正是这种地方区域的环境、文化对非物质文化遗产的特点和传承起到了决定性作用。地域性是对其民族性的体现和强化。

非物质文化遗产经历各时代传承并逐渐演变而来，必然与它存在的地域有着千丝万缕的关系。同一种非物质文化遗产，在不同的文化下有着不同的面貌，传播到不同地区、不同种族会产生变异和发展，并深深打上该地区的烙印。

我国的端午节是汉族人民纪念屈原的传统节日，主要习俗为吃粽子和赛龙舟，表达追忆楚国大夫屈原高洁爱国的情怀。但是，地域不同，节日的内涵也不一样，东吴一带的端午节历来不纪念屈原，而是纪念五月五日被投入大江的吴国大臣伍子胥。

我国各地的端午节习俗也各有不同。端午节在老北京的民俗中是一个大节日，与春节和中秋合称"三大节"，因为这一天皇帝可以不上朝，老百姓需敬神祭祖、纪念先贤，妇女可携子回娘家，朋友们可以借机聚会，全城呈现出热闹的节日景象。在老北京的传统里，端午节忌打井水，往往于节前预汲，据说是为了避井毒，家中挂艾蒿、挂红灯、系五彩线等。而在南京，端午时节，各家皆以清水一盆，加入少许雄黄、鹅眼钱两枚，合家大小均用此水洗眼，称为"破火眼"，据说可保一年没有眼疾。每个地域的独特环境和习俗决定了该地域的文化特征。

5. 多元性

多元性主要是指非物质文化遗产的存在形态十分多元。各非物质文化遗产之间在存在形态上具有明显的不同。这种多元性存在的决定性原因在于其内容，非物质文化遗产包括口头传统和表现形式、传统表演艺术、传统手工艺、有关自然界和宇宙的知识及实践等。这些由人类创造并代代传承的精神财富，能够反映出不同地区、民族和信仰的群体或者个人的精神继承和发展的过程，所以历史时期、地域、民族存在差异的非物质文化遗产在形态上也各异。

例如，中国有各种纺织和刺绣的工艺，各少数民族也有不同的技艺和方法。蚕桑丝织是汉民族认同的文化标识，五千年来，它对中国历史做出了重大贡献。中国蚕桑丝织包括杭罗、绫绢、丝绵、云锦、蜀锦、宋锦等织造技艺及轧蚕花等丝绸生产习俗。关于丝绸的发明和大规模的生产、使用，汉族是各民族中的第一个，这些丝绸对于"丝绸之路"的形成有着关键性作用，这也是世界史上第一次大规模的东西方商贸交流。

纺织工艺方面的代表之一就是黎族传统纺染织绣技艺。这是黎族妇女所发明的，包括纺、染、织、绣四种内容，以棉线、麻线及其他纤维等材料制作服装等日用品。其技艺包括染纱布、双面绣、单面提花织等，在母女之间以口传心授来代代相传。黎族妇女以艺术性的想象以及世代继承的样式，进行纺织图案的设计，这些纺织图案就像语言一样记载、展现了其民族的历史文化和民风民族。黎族传统纺染织绣技艺可以说是其民族文化的载体，在黎族文化遗产中占据重要地位。

汉族也有着精湛而多样的纺织技艺，南京云锦是其中十分著名的一种，绚丽多姿就像云霞，浓缩了中国丝织技艺的精华，有"寸锦寸金"之誉。它是中国四大名锦之一，其余三种分别是成都蜀锦、苏州宋锦以及广西壮锦。"锦"是一个特殊的称谓，指的是最高技术水平的织物。南京云锦位列中国四大名锦之首，在元明清三代都是皇家御用的贡品，在几百年的发展历程中，不断创新、改进和吸纳其他艺术的精华，集历代织锦工艺之大成。由此可见，传统手工艺的纺织和刺绣技艺就有许多不同的表现形态，充分体现了非物质文化遗产的多元性和复杂性。

二、非物质文化遗产与文化创意产业对接的必要性与可行性

（一）非物质文化遗产与文化创意产业对接的必要性

如今，全球一体化趋势不断加强，文化多样性的价值越发显著，并且受到人们的重视，所以，蕴含着地方文化精髓的非物质文化遗产在世界上备受关注。

关于非物质文化保护方面，欧美国家一直在积极呼吁和号召，日韩也采取了积极的行动，它们都在努力探索新的渠道和途径，促使本国非物质文化遗产得到有效而持续的发展。

近年来，不管是政府，还是民众，我国都更加关注非物质文化遗产的保护和

传承，为此积极寻找有效的途径，但是尚未获得十分理想的效果。在社会转型的当下，非遗仍面临着诸多困境，如因难以适应现代生活方式而导致部分传统民间艺术和民俗文化濒临失传和消亡，没有在宏观上形成系统性的非遗抢救、保护和发掘机制，大部分非遗仍没有实现生产性保护等。基于此，我们需要结合时代需求，以创意化的包装方式，对非遗进行保护和传承。

21世纪以来，文化创意产业呈现出良好的发展态势，具有不断增强的财富创造力，正在渐渐成为国家或地区新的竞争力。其彻底颠覆了传统物质产业发展的静态模式，呈现出一种精神文化的动态发展模式，是一个持续不断创新和发展的、具有无限潜力的产业。这一特点恰恰满足了非遗发展的需求，不管是文化创意产业，还是非遗都十分重视文化精髓和精神层面的影响力，基于此，非遗与文化创意产业的对接十分必要。

当前，在我国的产业结构中，文化创意产业较为高端，受到了社会的广泛重视，文化创意元素和产品、服务的融合已经被更多的传统行业所关注并实践，传统行业在这种全新的文化视角和手段的加持下获得了更多的生机，其持续发展受到推动，发展空间得到扩展，相应地也提升了文化创意产业的利润。将非遗和文化创意产业对接，能够为非遗的保护和开发注入活力，通过创意理念和商业运作，促使非遗实现产业化、市场化，进而推动其良性发展，为其传承创造新道路。

总而言之，非物质文化遗产与文化创意产业对接，有如下必要性。

（1）这是非物质文化遗产发展的必要趋势

自我国在2001年成功申请第一个世界级非遗，非遗就逐渐进入公众视野，并被越来越多的民众所重视。非物质文化遗产的重要性和魅力被更多人所领会。截至2022年11月底，我国已有世界级非物质文化遗产43项，位列世界第一。与此同时，非遗在保留和传承上的困境越发凸显，也为更多人所知，社会公众也更加关心如何做好非遗的传播和衍生。面对此类问题，十分有效的途径就是将非遗发展和其他传播结合，非遗和文化创意产业对接成为非物质文化遗产发展的必要手段。

（2）非物质文化遗产的经济效应

非物质文化遗产是属于全人类的瑰宝。对于当前存在的非遗失传的问题，文化创意产业能够有效解决。文创产业与非遗相融合，充分挖掘其精华，基于此进行文化产品和服务的开发，借助创作、复制、创新等方式，发挥非遗的经济效应，并且接受其经济效应的反作用力，也就是促进非遗关注度的提升，吸引更多人关注，甚至学习非遗，推动非物质文化遗产的传承。

（3）文化创意产业与生俱来的使命

如今的国内文化创意消费的大部分市场已经被国外文化和资本入侵和占据，我国拥有悠久的历史和璀璨的文化，不管是文学、音乐、舞蹈等艺术作品，还是传统技艺都是传承已久的民族精华。然而，我国的文化创意产业发展时间较短，受到国外文化和成熟的文化创意产业的冲击，只占据了部分市场。发展中华文化，是每个中华儿女的使命，也是我国文化创意产业的责任。我国文化创意产业应当广泛而深入地挖掘和开发非遗资源，将之融入文化产品和服务之中，让文化产品和服务带有更加突出的中国特色和价值观。文化创意产业在发展过程中，必然要将非遗转化为资源。这也是传播和发扬非遗的必要使命。

（二）非物质文化遗产与文化创意产业对接的可行性

1. 非物质文化遗产是创意的源泉

非物质文化遗产作为重要文化资源和文明成果，体现了历史、艺术、科学、情感等多方面的特性和多重价值，是各种创意的源泉。我国的历史和民族文化共同造就了精彩的非物质文化遗产，是中国各个民族在各历史阶段和自然地理环境中形成的相应的民族文化的重要内容，是文化多样性的重要体现，也是特殊的文化形态，因此，非物质文化遗产也是具有代表性的、独特的文化资源，具有巨大的潜质，能够作为文化资本参与到文化创意产业之中。

非物质文化遗产是原创的，也因此具有独特性、唯一性及不可再生性、不可替代性和稀缺性。

在信息社会，科技信息化速度加快，现代文明高速发展，部分非物质文化遗产难以跟上时代脚步，正处于濒危、失传的境地，因此，非物质文化遗产的稀缺性更加显著，对其的保护也就更加迫切，其不可再生性和独特性恰恰造就了其经济上的增值性。

文化创意产业的核心是创造性，文化产品或服务的风格、基调、艺术特色等独创性以及消费者对产品的共鸣直接决定了文化创意产业的成败。因此，具有独特性、唯一性等特性的非物质文化遗产能够为其提供大量的优秀创意。

世界各国都十分重视非遗与文化创意产业的对接，美国在这方面的实践最为成功。美国好莱坞电影和迪士尼动画中很多作品都是取材自非物质文化遗产。这也证明了，非物质文化遗产是世界的创意源泉，并能够造就新的经济增长点。

2. 文化创意产业是非物质文化遗产发展的新舞台

现今，我国非物质文化遗产的生存和发展不容乐观，一直在遭受外来文化和重视物欲的现代生活的负面影响。当前社会，经济仍在突飞猛进，不同于其他工作，在盈利方面，非物质文化遗产的传承工作有着明显的劣势，这也使得部分非物质文化遗产找不到传承人，即将失传。

在全球一体化趋势的加持之下，外来文化仍在入侵中国社会，冲击中国文化，这些外来文化往往因其新奇而广受欢迎，与此相反，很多传统文化正在人们生活中日益淡化，这也使得非遗的生产、发展环境较为恶劣。这种困境也反映了创新的必然性和必要性。我国文化创意产业日新月异，出现了众多其与传统产业、传统文化融合的成功实践。我们应进一步让文化艺术和商品生产充分交融，以创新的手段，推进文化商品化、市场化、产业化，也让文化产品的生产和服务更具创新性，增加产值，也为非遗传承和发展创造新舞台。

3. 传统文化的保护意识逐渐增强

文化是国家和民族的灵魂，集中体现了国家和民族的品格。正是因为共同的文化，同一民族群体中的人们才紧紧团结和凝聚在一起，民族才拥有无限的生命力和创造力，让民族得以持续发展。文化作为一种力量推动着经济社会的发展，也是经济社会发展的构成部分。以发展文化推进国家建设已经是大势所趋，民族传统文化是文化复兴事业的核心推动力。

如今，民族传统文化对于国家政策、社会媒体、学校教育都十分重要，其重要性也被不断强调，相关部门、机构和组织也为此采取了不少措施。例如，学校将非遗引入课堂，很多中小学都围绕着民间手工技艺、民间舞蹈、民间音乐等开设了一定的课程。不少高校也开设了相关的课程，组织了一些专题研究，打造高校非遗传承基地，河北美术学院、南京艺术学院等8所高校开设了非物质文化遗产保护专业，冀派内画与河北科技大学联合，成立了"中国冀派内画艺术中心"等。

4. 二者之间具备对接发展的共通基础

（1）最终目的共通

文化创意产业和非物质文化遗产有着最终目的的共通，两者都是对文化发展的促进。文化创意产业的发展离不开文化的支撑，非物质文化遗产属于文化的一部分，两者都推动着中华文化在世界舞台上大放异彩，促进着文化输出，也就是说两者的最终目的都归于宣传和输出文化。

文化创意产业借助创意手段对文化进行开发和再生产，推广地方文化，最显著的价值在于将文化和商业生产结合开发出文化产品。文化是其发展关键性的资源，创意开发能够促使纯粹的文化再生产让公众更加欢迎的产品。文化创意产业将文化进行吸收融合，并转化成产品推动文化传播。

非物质文化遗产属于文化的一部分，是文化事项，其表现形式包括民俗活动、表演艺术、传统技艺等，这都有文化传播和输出的作用。

（2）输出方式共通

就当前的经济结构而言，在中国文化输出相关产业中，文化创意产业的发展速度是最快的。美国的电影、音乐，英国的广播、出版业与电视，日本的动漫，韩国的电子游戏等都是发达国家中发展得较为成熟的文化创意产业代表。这些都是如今文化输出的常见途径。

文化创意产业在输出文化的过程中，主要采取的就是影视、工艺展览等方式。以《印象刘三姐》为例，这个表演作品就是取材于桂林民间故事，充分融合了现代表演艺术和声光电技术等，是一场大型的表演演出。其既创造了良好的收益，还输出了桂林地方文化。这部作品也广受好评。

非物质文化遗产的呈现方式主要为传统手工技艺、传统史诗、传统表演、传统民俗活动及礼仪活动与节日庆典等。这与上述文化创意产业的输出方式十分共通。大量的少数民族节日、传统艺术表演等，也是以表演的方式进行文化输出。

两者在文化输出方式的共通之处在于都是通过可见的表现形式将没有具体形态的文化展示出来。只是两者相比，文化创意产业是对文化进行创意的再生产，更具现代性，能够被多数人接受。而非遗在地域性和当地经济状况的限制下，主要采取父子和师徒代际口传的方式。这种方式难免导致非遗的传承不稳定和脆弱，加上时代变迁和工业化的冲击，只在当地传播的非遗逐渐少有人关注，甚至消失。

非遗必须要将表现形式和功能进行现代转化，创新价值，才能够实现传承发展，焕发新生机。

(3) 传承和发展载体共通

文化创意产业和非遗关于传承和发展的载体是共通的，都是人。文化创意产业的生产中，主要是发挥人的创意，挖掘文化资源，并对其创新和再生产，还要依靠人规划产业发展。非遗的发展也是依靠人来传承传统手工、技艺。不管当前的科技如何发展，人工智能如何进化升级，都不能代替人进行灵动多样的非遗的传承。科技是一种工具，能够记录文明，可以利用图像、影音、文字等对非遗进行记录、保留和传播，但是这与传承有着根本性的区别。不管是在文化创意产业中，还是在非遗的保护和传承中，人都是根本，然后才是文化创新。没有人这一载体，这两者就无法继续发展。所以，非遗的保护和传承一直强调要寻找和培养传承人。传承人是非遗和文化延续、发展的关键，也是非遗保持生命力的关键。

三、非物质文化遗产与文化创意产业的多维比较与衍生属性

（一）非物质文化遗产与文化创意产业的多维比较

如今，对于文化创意产业而言，非遗是潜在的开发对象，是丰富的资源宝库。一方面，大部分非遗是深深扎根于地方和民族传统文化土壤的，其地域性和民族性十分显著。这种地域性和民族性在当地群体看来是很自然和正常的，已经和当地的社会生活融为一体；然而在其他地区群体看来是富有异域风情的，具有稀缺性，是宝贵的文化资源。

例如，福建厦门的南音是用闽南语演唱的古乐，这是当地独有的特色文化，不管是民间，还是官方，都有着不少相关社团，已经渗入了当地的社会生活。而外来者在福建厦门观看南音表演时，发现其与自身家乡的文化传统有着鲜明的视觉和听觉的不同，就使得外来者产生了浓厚的消费兴趣。

另一方面，非物质文化遗产本质上是一种非物质形态，是依赖物化载体才能够外显和存在的文化事项，非物质文化遗产的核心价值就在于操作和实行非物质文化遗产的过程和结果。

由此可见，基于民族性、地域性和存在特性，非物质文化遗产具有极强的文

化稀缺性，这也为发展创意经济提供了文化资源基础。

非物质文化遗产和文化创意产业相比较，在实践宗旨、生产方式、受众群体等方面不同，这也使得两者的关系存在不确定性。

首先，从实践宗旨角度分析，非物质文化遗产和文化创意产业有着生活与市场的区别，前者的实践宗旨是满足民众日常生活的需求，要满足实用方面的需求，如茅台酒酿制技艺、泸州老窖酒酿制技艺、绍兴黄酒酿制技艺，这些都是为了满足民众饮食需求；要满足仪式方面的需求，如炎帝陵祭典，这是湖南省炎陵县的民俗活动，是为了纪念中华民族的始祖，在规格、内容、仪程等各方面都十分严格。文化创意产业从根本上属于产业，其归根结底是为了借助文化创意赢得消费者，获取经济利润。

其次，二者在生产方式上有活态制作与批量生产之分。虽然非物质文化遗产有着集体性的文化传统和行动范式，但是传承人对于非物质文化遗产的演绎往往能够加入自己的即兴创作，如天津蓟州区燕子李三传说。它的传承人根据讲述场景、观众群体、讲述故事内容的不同，经常会在集体传统的基础上对故事进行即兴再造，这让他们所讲的每一个故事都不可复制。而文化创意产业则是以批量生产为主的，这些文化创意产品在生产出来后便是固态化的。以2019年国产动漫电影《哪吒之魔童降世》为例，观众无论在哪里观影，在银幕上看到的电影都是一样的。这种批量复制的产品与非物质文化遗产活态制作的方式形成了鲜明的对比。

再次，二者在受众群体上存在地方民众与大众的差异。对于多数非物质文化遗产而言，地方性是其存在的重要特点，它意味着非物质文化遗产往往只为特定的群体共享和使用。以广西西林一带流行的壮戏（属北路壮戏）为例，它以壮族的民族英雄人物和其他民间故事传说为主要题材，是壮族传统的民间艺术形式，表演多用壮语演出，其受众群体以居住于西林、田林一带的壮族民众为主。相较之下，文化创意产业以全球各地的最广泛的大众为受众群体。

当前，各地开办的非遗文创园虽然立足于地方的非物质文化遗产，但是它们的消费者却来自全球各地。他们通过实地观光或者网络平台，购买非物质文化遗产文创园的产品，从中获得自己的文化消费体验。文化创意产业已经打破了区域文化的差异，创造了一个更广泛的大众共享的文化空间，拓展了非物质文化遗产的受众范畴。

（二）非物质文化遗产与文化创意产业衍生属性

综上所述，非物质文化遗产的文化创意产业开发必然是一个非物质文化遗产与文化创意产业之间碰撞、对话与交融的过程。其间，非物质文化遗产会经历自身价值的延伸拓展、受众群体范畴的扩大和生产方式的变革，这意味着非物质文化遗产文化创意产业的开发是对非物质文化遗产的衍生发展。

首先，在文化创意产业开发过程中，很多非物质文化遗产需要经历从生活实践向文化商品的转变，实现自身价值的拓展。大多数的非物质文化遗产嵌入地方性的日常生活，这些实践活动及其物化载体并不具有商品价值。文化创意产业开发则是要将这些生活性的实践及其物化载体转化为文化商品，并通过市场交易获取经济利润，这将使非物质文化遗产的价值得到拓展。非物质文化遗产文化创意产品通过新的文化生产——流通——消费的社会链条，参与到新的社会文化建构中，对社会生活产生新的影响。

其次，通过文化创意产业开发，非物质文化遗产的受众群体将由地方民众转变为大众。这一转变并不是单纯的受众规模的变化，而是意味着非物质文化遗产将在新的受众群体的消费和解读下获得全新的文化意义与功能。如贵州黔中地区的布依族蜡染，拥有一套严格的族群文化传统，被视为表达族群认同的重要符号运用到本族群的服饰当中。

近年来，上海蜡染服饰公司与当地手工艺人合作，将布依族蜡染的水涡纹、方块纹、狗牙纹等图案提取出来，进行新的组合设计，运用到蜡染流行服饰上。这些新的产品受到国内外消费者的喜欢，成为具有民族风的新时尚。从布依族民众到全球流行服饰消费者，布依族蜡染的文化意义从族群认同符号转变为流行风尚标志，其功能也从族群认同转变为时尚的表达方式。可以说，非遗文化创意产业开发通过受众群体的拓展，实现了非物质文化遗产的意义流动和再生产，使其以新的方式融入了现代生活。

再次，通过文化创意产业开发，非物质文化遗产的生产方式将从活态制作转变为批量生产。文化创意产业开发意味着机械化的批量生产将运用到非物质文化遗产文化创意产品的生产之中，它对传承人作为非物质文化遗产的实践主体的地位造成了一定冲击，将会重构非物质文化遗产的生产关系。

可以发现，非物质文化遗产文化创意产品往往会失去非物质文化遗产在所处地域的文化意义、功能和价值，以及特有的生产方式。与此同时，它成为面向大众的文化创意产品，大众在这些文化创意产品的消费过程中获得了全新的意义解读和文化体验。因此，就性质而言，非物质文化遗产文化创意产品已不再是非物质文化遗产本体，而是一种衍生发展形态。它既脱胎于非物质文化遗产的原生形态，又在此基础上与文化市场有机结合，实现了新发展。

四、非物质文化遗产与文化创意产业对接存在的问题

（一）二者实践中属性不同

文化创意产业服务于经济发展，它的商业属性决定了其重点是经济创收。在联合国贸易和发展会议的统计中，文化创意产业是以产值的多少来定位的。人们习惯上称文化创意产业是低消耗、高附加值产业，这其实强调的是文化创意产业在文化的基础上进行创新创作后取得的经济效益，而忽略了文化本身最基础的文化意义。文化创意产业发展的最终目的虽然是宣传文化、输出文化，但在实践中，文化创意产业需要生存发展，就必须先以获得经济效益为主要目的。

而文化属性决定了非遗保护工作的重点是保护其文化意义。文化创意产业的发展和非遗传承的融合都是在保护好非遗的基础上进行的，只有在此基础上，才能讨论其为当代社会创造的经济效益。

在常见的产业当中，过分追求经济效益导致项目改变是常见的事情。在非遗文化的文化创意产业发展进程中，如果没有真正地思考过当前为何如此多的非遗文化项目会面临着传承的困难，没有从根源性的原因进行相关思考的话，只会使得非遗文化越来越缺失传承群体的传承性，最终丧失原来的精髓与技艺。如果发生以上情况，那么对于普罗大众无疑是可悲的。为了经济利益而不不顾民族传承，功利性过强，对于社会的发展往往不能做出什么贡献。

（二）二者发展指向不同

文化创意产业面对的是投向市场的文化生产，市场需求才是文化创意产业生产的发展指向。源于外部的市场需求对文化创意产业做出的市场指向，外在地影响文化创意产业的生存发展。而非遗是一种艺术，艺术源于生活，又高于生活。它的生产实践就是基于自身的文化诉求和文化逻辑进行即时生产、即时消费、即

时传播。非遗的发展指向是传统文化在当代自主激发自我发展的时代需求，源于非遗的内部因素。

（三）传统与创新的冲突

非遗代表地方传统，在传承中需要重视完整性和原真性。虽然传承的完整性和原真性不能简单地理解为一成不变地接受继承，但是在一定程度上表明了非遗对于传统的维护。而文化创意产业从理论到实践，无不体现着创新的意识。高附加值的特点本身就说明了文化创意产业的创新性。

非遗和文化创意产业相结合往往表现为非遗元素与产业创意的结合。二者的结合最终是以新的产业形态进入人们的视野，因而最终为大众所熟知的产品只是包含从非遗中提取出的非遗元素，而不再是原汁原味的非遗。保持非遗完整性、原真性与文化创意产业强调创意新思维，要将二者有机地统一起来。

（四）文化创意发展不平衡

我国非物质文化遗产项目比较多，文化创意产业的发展却是不平衡的，有的项目开发得比较成功，各种创意产品不断更新，甚至在影视剧以及动漫游戏等方面都有涉及，但是有的项目创意比较滞后，甚至有没落的态势，发展前景也堪忧。

（五）知识产权保护问题突出

在非物质文化遗产的保护和发展中，由于我国在这方面起步较晚，在解决问题上主要是抢救性保护，而在知识产权保护方面没有足够重视，除直接归属特定主体的项目外，不能直接确定权利主体的传统节日以及民间习俗等方面的知识产权保护还是空白。从与市场容易接轨的传统手工艺项目来看，非物质文化遗产管理者以及持有者的知识产权保护意识也比较薄弱，这是两者在融合发展中的一个问题。

（六）产业开发具有一定的风险性

关于非遗文化的创意产业开发需要有一定的场地和人力资源，无论对政府还是对企业来说，文化创意产业的开发成本都较高，同时非遗文化创意产业的效益可能会存在收益较慢的问题。在高成本的投入之下如何正常维持当地的经济运行或者企业的正常运行，对企业和政府来说是个严峻的问题，加上在开发方案的选择和设计上存在一定的问题，可能会阻碍相关文化创意产业的开发。

无论哪一种非遗文化的开发，由于其文化的特殊性，了解知道的人占少数，因而想要获得极多的受众，对于方案设计本身就有着极大的考验，合适且吸引人的产业开发固然不用担心，但是在网络发达的今天，人们对于一些创意已经审美疲劳，因此在产业开发的过程当中，就要承担相当一部分风险。

五、非物质文化遗产与文化创意产业对接对策

（一）行之有效的科学对接

非物质文化遗产与文化创意产业对接，绝不能是简单粗暴的相加，而是应当采取科学方式，实现行之有效的对接。

1. 以非遗为核心的现代文化元素嵌入式融合路径——传承衍生

这种实施路径以非遗作为产业融合发展的核心，保持原汁原味传承下来的非遗的技艺和精髓，从表现主题、表现内容或表达方式上嵌入现代生活的文化元素，达到与文化创意产业的融合。本书将其定义为"传承衍生"的概念，即在传承基础上的创意衍生和产业融合发展。

譬如在蜀绣这一国家级非遗项目上，可保持原有的蜀绣的工具、材料和技艺，但在表达主题和内容上可嵌入受市场欢迎的现代生活文化元素，譬如仿真人像元素、卡通熊猫元素，甚至现代的大师名画画作等；

又如可将传统的蜀绣技艺和工艺拍摄成纪录片，运用版权买卖、发行等形式将非遗与文化创意产业中的影视传媒版块相结合；还可以将非遗资源和当地旅游文化资源相结合，以旅游的"衣、食、行、游、购、娱"六大元素需求拉动非遗的自我造血，给非遗增添旅游文化资源的多样性魅力。

以非遗为核心的现代文化元素嵌入式融合路径，在保持非遗本真度的基础上，实现产业融合对接，有较大的推广价值。但由于非遗自身的特点和特性，在实现文化资源向文化资本转型方面，还存在着实施范围小、实现效益不明显、资本诉求满足率低等问题。

2. 以文化创意为核心的非遗元素衍生开发融合路径——创意衍生

此实施路径是指在挖掘、整理、提取非遗元素的基础上，从多元角度运用现

代艺术手段和科技要素，通过再构造与再设计，对文化资源进行深度发掘、解构、整合、开发和利用，从而达到对非遗元素的创造性开发和转化，以崭新的创新产品或业态融入产业发展进程。本书将其定义为"创意衍生"的概念，即从文化创意的角度思考非遗元素的提取和再造，创造出新的文化形式和产品。

"创意衍生"本身只是对非遗文化元素的运用，本质上已经和非遗脱离了干系，只是一种文化创意的表达。

譬如四川的绵竹年画是国家级非遗，我们可以将年画的传统图案、传统颜色和传达出的传统意味进行解构和重组，将其运用到建筑、家具、家居饰品、文具及办公用品的装饰图案中或设计元素中，赋予普通的商品以传统文化意味，突出其中国文化基因和特色，但已经不再使用绵竹年画的传统技法作画；再比如在流行音乐的演唱中融入蒙古长调或侗族大歌的演唱技法，本质上它已经不再是非遗的传统音乐，但却能带给人以历史感和民族性，以文化创意的形式创造独特的中国式演唱。

这种融入形式与人们的现实生活结合紧密，发挥空间较大，也具有较高的商业价值，但需要注意的是不能将其与非遗混为一谈，避免出现因公众的认知混乱所导致的对非遗本真度的损害。

3. 结合非遗的体验性特征进行的创造性产业融合路径——体验式衍生

此实施路径是以市场需求为导向，充分挖掘非遗所负载的文化信息，创造性地提取非遗资源的体验性特征，将非遗与旅游、演艺、娱乐产业相结合，通过消费者的体验过程来实现非遗所衍生出的文化内涵，达到陶冶情操、增长知识、提升审美、愉悦身心的具象价值，从而实现和创意产业的融合发展。本书将其定义为"体验式衍生"，即通过体验的形式，将非遗所蕴含的审美功能、娱乐功能、教育功能与文化创意产业对接，从而形成创造性的新模式或新业态，激发出更强大的规模效应和市场价值，迸发出新的经济活力。

譬如著名的"韩国民俗村"就是典型的将非遗的体验与演艺、科普、娱乐相结合进行文化创意产业运作的成功案例。游览者可以在民俗村中看到非遗、摸到非遗、听到非遗、尝到非遗、感受到非遗，充分地享受传统文化给人带来的愉悦感和幸福感，也因此成为文化根脉同源的亚洲游客游览韩国的必选之地。

体验式衍生的意义在于能更大地激发非遗在当代生活、生产中的活力，形成文化创意品牌，实现规模化经营。但由于体验式衍生对运营者的非遗认知、资本运作、资源挖掘水平要求较高，资金回收线也比较长，在实际操作中应注意结合运营企业的规模和形态来探索适合企业自身特征和发展的盈利模式，否则将可能面临由于资金不足而导致的运营困难。

（二）强而有力的保障支持

1. 强化政府的支持作用

保护非物质文化遗产的目的是人类当代和未来文化的健康和谐发展及文明程度的不断提升，值得政府和社会有关方面的高度重视与投入。

例如，政府可以牵头建立非物质文化遗产创意产业园区，成立相关创意研究和生产机构，打造民族文化品牌，发展产业集群，培育生产、销售链和产业带，使文化创意产业园成为传承非物质文化遗产的现实基地。

政府在制订战略规划和发展政策时，还要从政策和制度方面营造有利于文化创意产业发展的产业环境，吸引更多的企业加入文化创意产品的生产中，形成产业集聚的效应，如建设非物质文化遗产创意产业园区的土地政策；给予投资园区企业的补贴政策；给予投身创意产业的企业财税、租金方面的倾斜政策；建立专门的创意产业服务机构，打造创意培训平台，提供沟通中介服务，解决非物质文化遗产传承人才瓶颈的问题。

2. 引导企业以项目为中心形成集群

发展文化创意产业需要吸引企业，形成企业集群，走向创意产业化和产业创意化的产业链，在创意层面带来更大效率的产业集聚和创意集群。举例而言，非物质文化遗产创意园区的招商要有针对性地选择目标企业，以非物质文化遗产的创意研发和生产为核心，入驻园区的企业都要进行资质认证和审核，真正做到研发、生产、营销、服务等各环节服务于非物质文化遗产的传承和创新性生产，避免出现同质化企业的扎堆。

企业聚集的过程可以采取"核心企业引领，辅助企业跟进"的方式，非物质文化遗产的核心企业作为龙头带动整个项目，其他企业作为辅助力量配合和完善该项目。

3. 注重非物质文化遗产的原真性

对于发展创意产业而言，非物质文化遗产更重大的价值在于它具有原创性，非物质文化遗产带有民族文化精髓的烙印，成为最能体现文化差异性的文化资源。

然而，由于追求经济利益，一些非物质文化遗产失去了其原真性。例如，旅游景区常见的被称为"云锦制品"的纪念品，大多数并非真正的云锦工艺，真正的云锦工艺耗时、费力，并且真正掌握云锦编织技艺的劳动力又很少，难以批量生产，所以那些被扭曲了的云锦工艺品在市场中被冠以"云锦手工艺品"流传，误导了游客，真正的云锦技艺也失去了传播机会。因此，保留非物质文化遗产的原真性是创意产业与非物质文化遗产对接的前提。任何国家的创意产业都无法离开其所属的民族和区域，非物质文化遗产丰富的人文题材和厚重的民族文化内涵成为创意产业发展弥足珍贵的原材料，在进行创意开发时，要提取最核心、最具代表性的文化元素，实现非物质文化遗产的原真性创新的过程。

4. 结合新科技不断加速发展

在当前科学技术蓬勃发展的背景下，将非物质文化遗产和文化创意产业进行有机的融合发展自然需要利用科学技术。在互联网发展背景下，要充分利用"互联网+"的发展优势，将文化创意产业自身的高渗透性以及融合性特点充分地发挥出来，通过在非物质文化遗产中注入更多的科技要素，将地域属性鲜明地呈现出来，形成完善的非物质文化遗产和文化创意产业融合发展新格局，创立非物质文化遗产品牌，这样才能促进两者的可持续发展。

我国璀璨的非物质文化遗产存续和发展到今天，与文化创意产业的融合发展已是大势所趋，也是解决制约我国文化创意产业发展瓶颈的有效路径之一。在融合发展的过程中，积极推动非物质文化遗产以不同的路径和方法从文化资源向文化资本转化，厘清概念，去伪存真，创造转化，创新发展，在国家非遗工作"保护为主、抢救第一、合理利用、传承发展"十六字方针的指导下，进一步探索新时代背景下与文化创意产业融合发展的新道路，对于中华优秀传统文化的传承与发展，具有重要的现实意义。

参考文献

[1] 赵朝峰:《文化创意人才的"树形培养模式"研究》,浙江工商大学出版社 2020 年版。

[2] 张学勤:《文化创意产业集群发展中的政府定位研究 以北京市为例进行剖析》,四川大学出版社 2013 年版。

[3] 姜毅然、张婉茹、王海澜编著:《以市场为导向的日本文化创意产业》,人民出版社 2009 年版。

[4] 卜希霆主编:《创意起底——文化创意产业先锋思维解码》,中国国际广播出版社 2009 年版。

[5] 严三九、王虎编著:《文化产业创意与策划》,复旦大学出版社 2008 年版。

[6] 宫承波、闫玉刚:《文化创意产业总论》,中国广播电视出版社 2008 年版。

[7] 刘春成、侯汉坡编著:《创意照亮的空间——文化创意产业案例辑》,知识产权出版社 2007 年版。

[8] 降巩民、严力强、初小玲主编:《创意无垠:首都文化创意产业大家谈》,同心出版社 2007 年版。

[9] 中国民主建国会联络委员会、文化委员会,西北大学等编:《两岸文化创意产业发展论集》,陕西人民出版社 2007 年版。

[10] 金元浦主编:《创意时代的中国文化产业》,广东人民出版社 2004 年版。

[11] 王海礁:《文化创意产业人才的培养与开发》,《中国市场》2022 年第 18 期。

[12] 谢宁光:《新常态下"乡村旅游+文化创意"产业融合发展路径》,《乡村科技》2022 年第 13 期。

[13] 闫莹:《中国文化创意产业良性发展路径探究》,《文化产业》2021 年第 36 期。

[14] 李艳霞:《文化创意产业发展问题与策略研究》,《作家天地》2021 年第 35 期。

[15] 高东亮:《文化创意产业视域下的传统工艺美术开发探思》,《艺术品鉴》2021 年第 33 期。

[16] 吴冬梅、吕天娥:《国内外文化创意产业发展策略研究》,《侨园》2021 年第 11 期。

[17] 汤亮:《地区文化创意产业发展的思路与对策》,《文化产业》2021 年第 26 期。

[18] 夏晓飞:《文化创意产业人才培养研究》,《商业文化》2021 第 25 期。

[19] 张帅:《文化创意产业组织可持续发展的动力研究》,《企业改革与管理》2021 年第 4 期。

[20] 郑家菊:《文化创意产业与乡村文化旅游的融合策略》,《中国乡镇企业会计》2021 年第 1 期。

[21] 庞媛:《历史制度主义视角下我国文化创意产业知识产权政策演变研究》,华东政法大学 2021 年硕士学位论文。

[22] 刘菊:《中国文化产业国际竞争力及影响因素研究》,首都经济贸易大学 2017 年硕士学位论文。

[23] 苑羽佳:《我国文化创意产业发展的国外经验借鉴》,吉林财经大学 2016 年硕士学位论文。

[24] 李珂:《文化创意产业与旅游产业融合的路径研究》,四川师范大学 2015 年硕士学位论文。

[25] 于良楠:《文化创意产业促进城市转型发展的作用、机理研究》,云南大学 2014 年硕士学位论文。

[26] 曾文豹:《中国文化创意产业发展模式探究》,吉林财经大学 2014 年硕士学位论文。

[27] 许云杰:《文化创意产业传播路径研究》,苏州大学 2013 年硕士学位论文。

[28] 鲍枫:《中国文化创意产业集群发展研究》,吉林大学 2013 年博士学位论文。

[29] 王伟伟:《加快中国文化创意产业发展研究》,辽宁大学 2012 年博士学位论文。

[30] 丁艳春:《基于产业融合理论的文化创意产业发展研究》,景德镇陶瓷学院 2011 年硕士学位论文。